So wird's gemacht!

Öffne das LÜK®-Kontrollgerät und lege die Plättchen in den unbedruckten Deckel. Für einige der Übungen in diesem Heft benötigst du nur die Plättchen 1. bis 12. .

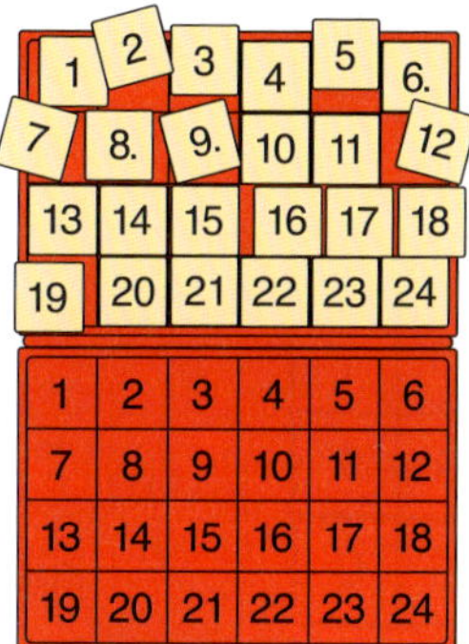

Beispiel: Seite 2

Nimm Plättchen 1. und sieh dir Aufgabe 1. an: Welche Zahlen ergeben sich?
Die Antwort lautet **6060**.
Lege also die 1. auf die Ziffer 18 im Kontrollgerät. Die Zahl **1** muss dabei nach oben zeigen.

So arbeitest du weiter, bis alle Plättchen im Geräteboden liegen.

Schließe dann das Gerät und drehe es um. Öffne es von der Rückseite. Wenn du das bei der Übungsreihe abgebildete Lösungsmuster siehst, hast du alle Aufgaben richtig gelöst.

Passen einige Plättchen nicht in das Muster, dann hast du dort Fehler gemacht. Drehe diese Plättchen da, wo sie liegen um und öffne es wieder. Jetzt kannst du sehen, welche Aufgaben du falsch gelöst hast. Nimm diese Plättchen heraus und suche die richtigen Ergebnisse. Kontrolliere dann noch einmal. Stimmt jetzt das Muster?
Das System ist für alle Übungen gleich: Die roten Aufgabenziffern im Heft entsprechen immer den LÜK-Plättchen aus dem Kontrollgerät. Die Feldzahlen bei den Lösungen sagen dir, auf welche Felder im Kontrollgerät die Plättchen gelegt werden müssen.

Und nun viel Spaß!

Zahlen im Stellenwertsystem

Wenn jede Ziffer an einer bestimmten Stelle im Stellenwertsystem steht, bilden die Ziffern eine Zahl. Unser Stellenwertsystem ist ein Zehnersystem: Je 10 werden zu einer neuen Einheit zusammengefasst:

Zehn Einer = ein Zehner

Zehn Hunderter = ein Tausender

HT ZT T H Z E

Welche Zahlen ergeben sich?

	1	2	3	4	5	6	7	8	9	10	11	12
Einer	0	6	3	0	1	1	7	2	1	8	1	0
Zehner	6	0	2	0	2	1	8	7	2	6	0	1
Hunderter	0	0	4	0	0	0	2	8	3	2	0	5
Tausender	6	6	0	3	2	1	0	0	4	1	5	4
Zehntausender	0	0	0	2	0	0	0	0	5	4	4	9
Hunderttausender	0	0	0	4	0	1	0	0	6	1	9	0

287	2
872	6
423 000	17
423	22
654 321	21
6 006	14
6 060	18
945 001	5
2 021	9
101 011	13
141 268	10
94 510	1

An welcher Stelle des Stellenwertsystems musst du die markierten Ziffern eintragen?

Billionen			Milliarden			Millionen			Tausender					
H	Z	E	H	Z	E	H	Z	E	H	Z	E	H	Z	E
					24	20	15	23						
					8	16	7	12						
	3	19												
						11		4						

Durch unser Stellenwertsystem können wir mit 10 Ziffern beliebig große Zahlen schreiben!

Ende 2020 lebten ca 7 8 3 7 (13 14 15 16) Millionen Menschen auf der Welt. China ist mit mehr als 1 (17) Milliarde und 4 4 4 (18 19 20) Millionen das bevölkerungsreichste Land. Der Stern Alpha Centauri ist über 3 9 (21 22) Billionen Kilometer von der Erde entfernt. Dagegen ist der Mars uns mit einer Entfernung von höchstens 4 0 1 (23, 24) Millionen Kilometer näher.

Wie heißt diese Zahl?

1 siebzehntausendfünfhundertzwölf
2 achtundzwanzigtausenddreihundertfünfzehn
3 drei Millionen sechshunderttausendvierundvierzig
4 fünfhunderttausendachtundachtzig
5 vier Millionen vier
6 sechsundsiebzigtausendsechshundertsiebenundsiebzig
7 drei Milliarden vier Millionen fünfhundertachtzehn
8 zwölftausendneunhundertsechsunddreißig
9 zweihundertachtunddreißigtausendsiebenhunderteins
10 fünfundfünfzigtausendfünfhundertfünfundachtzig
11 zwei Millionen zweitausendzweihundertzwei
12 sechsundneunzigtausendachthundertvierundzwanzig

238 701 8
76 677 3
500 088 11
12 936 23
3 004 000 518 15
17 512 12
96 824 16
28 315 4
55 585 20
4 000 004 19
2 002 202 24
3 600 044 7

13	4 780 604	16	2 500 004 002	19	948 007	22	532 481
14	345 050	17	679 540	20	651 804	23	961 570
15	882 714	18	8 702 610	21	2 340 011	24	4 123 046

2 acht Millionen siebenhundertzweitausendsechshundertzehn
18 sechshunderteinundfünfzigtausendachthundertvier
6 zwei Milliarden fünfhundert Millionen viertausendzwei
17 neunhunderteinundsechzigtausendfünfhundertsiebzig
5 vier Millionen siebenhundertachtzigtausendsechshundertvier
14 zwei Millionen dreihundertvierzigtausendelf
21 neunhundertachtundvierzigtausendsieben
13 vier Millionen einhundertdreiundzwanzigtausendsechsundvierzig
9 dreihundertfünfundvierzigtausendfünfzig
22 sechshundertneunundsiebzigtausendfünfhundertvierzig
10 fünfhundertzweiunddreißigtausendvierhunderteinundachtzig
1 achthundertzweiundachtzigtausendsiebenhundertvierzehn

Vorgänger und Nachfolger

Suche Vorgänger und Nachfolger.

Vorgänger	Zahl	Nachfolger
1	6 521	1
2	5 790	2
3	326	3
4	1 365	4
5	3 673	5
6	9 854	6
7	1 000	7
8	5 656	8
9	1 000 000	9
10	290	10
11	1 276	11
12	7 540	12
13	772	13
14	899	14
15	620	15
16	721	16
17	488	17
18	1 500	18
19	125	19
20	6 700	20
21	861	21
22	652	22
23	555	23
24	699	24

Zahl	Feld
698	1
1 364	15
124	5
289	8
1 499	14
6 520	16
651	18
5 655	3
554	9
7 539	12
3 672	7
860	2
999 999	20
487	6
5 789	24
898	17
771	21
9 853	23
720	22
325	19
619	13
999	11
1 275	4
6 699	10

Zahl	Feld
700	12
862	11
7 541	20
5 791	13
773	16
3 674	23
900	1
1 366	3
722	15
1 001	19
6 522	4
1 501	6
9 855	14
327	18
621	5
291	24
5 657	10
1 277	9
126	8
1 000 001	17
6 701	22
653	2
489	7
556	21

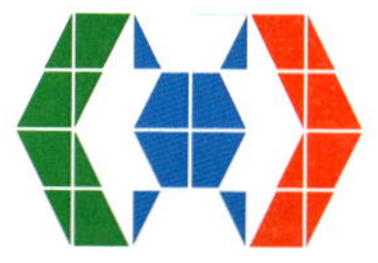

511	14
776	18
5 630	12
255	19
3 366	16
729	10
3 889	15
1 255	11
185	3
8 329	1
6 564	6
21 599	9
1 999 999	21
97 499	7
60 098	4
7 720	5
4 588	8
697	20
10 009	2
98 999	17
622	22
830	23
9 819	24
6 476	13

Vorgänger	Zahl	Nachfolger
1	1 256	1
2	97 500	2
3	623	3
4	5 631	4
5	3 367	5
6	4 589	6
7	10 010	7
8	6 565	8
9	2 000 000	9
10	3 890	10
11	7 721	11
12	8 330	12
13	9 820	13
14	698	14
15	730	15
16	831	16
17	6 477	17
18	21 600	18
19	512	19
20	99 000	20
21	186	21
22	256	22
23	777	23
24	60 099	24

187	5
731	11
1 257	7
9 821	19
10 011	4
4 590	10
21 601	24
97 501	9
832	8
2 000 001	23
624	12
5 632	20
3 891	6
699	22
6 478	15
6 566	1
60 100	18
3 368	17
8 331	3
778	2
7 722	14
99 001	13
257	21
513	16

Runden auf Zehner und Tausender

Wenn du auf volle Zehner runden willst, schaust du auf die Einer.
Wenn du auf volle Hunderter runden willst, schaust du auf die Zehner.
Wenn du auf volle Tausender runden willst, schaust du auf die Hunderter.
Bis 4 wird abgerundet,
ab 5 wird aufgerundet.
Beim Runden verwenden wir dieses Zeichen: ≈.
Es bedeutet „ungefähr“.

Runde auf …

… volle Zehner

Nr.	Zahl	gerundet	Nr.
1	323	≈ 5 840	9
2	8 766	≈ 440	22
3	647	≈ 420	17
4	438	≈ 220	14
5	6 435	≈ 840	10
6	222	≈ 320	21
7	631	≈ 110	1
8	841	≈ 6 440	6
9	424	≈ 8 770	13
10	973	≈ 970	5
11	5 837	≈ 650	18
12	111	≈ 630	2

… volle Hunderter

Nr.	Zahl	gerundet	Nr.
13	323	≈ 800	3
14	8 766	≈ 8 800	20
15	647 188	≈ 1 000	19
16	438	≈ 200	23
17	6 435	≈ 400	15
18	222	≈ 100	12
19	631	≈ 300	16
20	841	≈ 500	11
21	454	≈ 647 200	24
22	973	≈ 600	8
23	5 837	≈ 5 800	4
24	111	≈ 6 400	7

Runden auf Tausender und Zehntausender

Wenn du auf volle Tausender runden willst, schaust du auf die Hunderter.
Wenn du auf volle Zehntausender runden willst, schaust du auf die Tausender.
Bis 4 wird abgerundet,
ab 5 wird aufgerundet.
Beim Runden verwenden wir dieses Zeichen: ≈.
Es bedeutet „ungefähr“.

Runde auf ...

... volle Tausender

1	20 543 854	≈ 96 760 000	20
2	88 597 431	≈ 77 000	10
3	66 666 666	≈ 66 667 000	14
4	10 754 876	≈ 652 000	24
5	96 759 922	≈ 41 000	9
6	54 288	≈ 20 544 000	3
7	651 963	≈ 1 655 000	23
8	77 498	≈ 42 000	13
9	41 547	≈ 10 755 000	4
10	876 651	≈ 54 000	18
11	40 764	≈ 88 597 000	17
12	1 654 759	≈ 877 000	19

... volle Zehntausender

13	20 543 854	≈ 10 750 000	15
14	88 597 431	≈ 40 000	22
15	66 666 666	≈ 650 000	12
16	10 754 876	≈ 66 670 000	2
17	96 759 922	≈ 20 000	7
18	54 288	≈ 80 000	21
19	651 963	≈ 88 600 000	6
20	77 498	≈ 1 650 000	8
21	21 547	≈ 96 760 000	11
22	876 651	≈ 880 000	5
23	40 764	≈ 20 540 000	16
24	1 654 759	≈ 50 000	1

Speiseeis

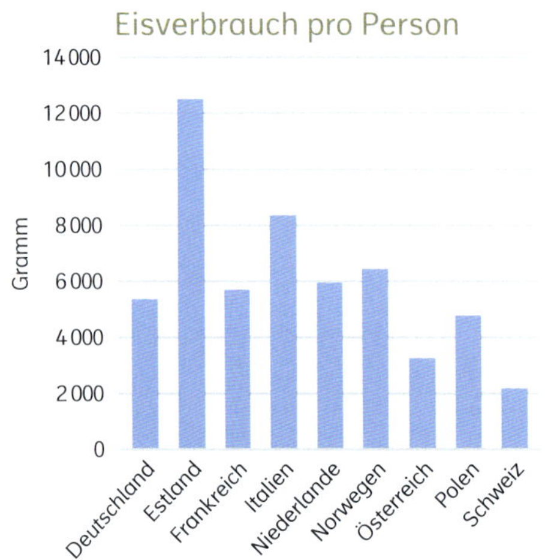

Lies die Diagramme und beantworte die Fragen.

1. In welchem Land essen die Menschen die größte Menge Eis?
2. In welchem Land wird am wenigsten Eis pro Person verzehrt?
3. In welchem Land wird knapp über 6000 gr. Eis pro Person verzehrt?
4. Wie viel Eis wird in Deutschland ungefähr pro Person gegessen?
5. Wie viel weniger Eis wird in Italien im Vergleich zu Estland ungefähr pro Person gegessen?
6. Wie viel Eis wird in den Niederlanden ungefähr pro Person gegessen?
7. Welche Eissorte war die beliebteste?
8. Von welcher Eissorte wurden halb so viele Kugeln wie von Straciatella verkauft?
9. Von welcher Eissorte wurden genauso viele Kugeln wie von Mango verkauft?
10. Wie viel mehr Kugeln wurden von Schokolade im Vergleich zu Vanille verkauft?
11. Wie viele Kugeln wurden von den zwei beliebtesten Sorten insgesamt verkauft?
12. Wie viele Kugeln wurden von der Sorte Straciatella verkauft?

Schweiz	9	ca. 5 000 Gramm	11	Joghurt	5
Norwegen	7	ca. 6 000 Gramm	10	3 500 Kugeln	6
Estland	12	Maracuja	8	1 000 Kugeln	22
ca. 4 000 Gramm	1	Schokolade	21	500 Kugeln	2

Sport

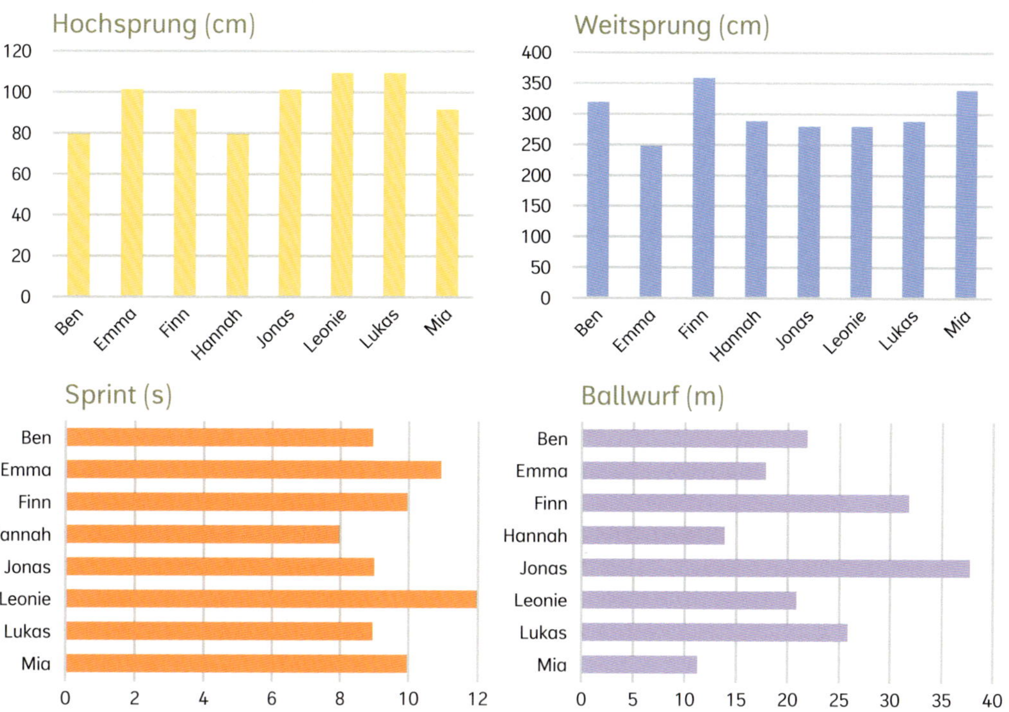

Lies die Diagramme und beantworte die Fragen.

13 In welcher Disziplin sind je ein Junge und ein Mädchen gleich gut?

14 In welcher Disziplin hat ein Mädchen gewonnen?

15 In welcher Disziplin sind alle Jungen besser als die Mädchen?

16 In welcher Disziplin hat Finn gewonnen?

17 Wer hat den Ball am weitesten geworfen?

18 Wer hat den Ball am wenigsten weit geworfen?

19 Wer war der zweitbeste Junge beim Weitsprung?

20 Wer ist am wenigsten weit gesprungen?

21 Wer hat den Sprintwettbewerb gewonnen?

22 Welcher Junge hat für den Sprint 10 Sekunden benötigt?

23 Welcher Junge ist beim Hochsprung 109 cm gesprungen?

24 Welches Mädchen hat beim Hochsprung am besten abgeschnitten?

Emma	18
Ben	16
Hochsprung	23
Leonie	13
Weitsprung	24
Hannah	14
Sprint	3
Jonas	15
Finn	4
Mia	20
Lukas	17
Ballwurf	19

Römische Zahlen

Heute rechnen wir mit arabischen Zahlen. Bis zum Mittelalter wurden Zahlen anders notiert, nämlich als System aus Buchstaben. Das sind römische Zahlen. Sicher hast du sie an Häusern oder Kirchen bereits gesehen:

I = 1 V = 5 X = 10 L = 50 C = 100 D = 500 M = 1000

Hier einige Beispiele:

4 = IV 8 = VIII 9 = IX 60 = LX 90 = XC 2000 = MM 2021 = MMXXI

Ergänze die Schreibregeln für römische Zahlen.

Wenn ein ___ 1 mehrmals hintereinandersteht, werden die Zahlen ___ 2.

Wenn ein kleineres Zahlzeichen ___ 3 von einem größeren steht, wird es dazu addiert. Wenn ein kleineres Zahlzeichen ___ 4 von einem größeren steht, wird es vom nachfolgenden ___ 5.

Man darf dasselbe Zahlzeichen nur ___ 6 nebeneinander schreiben.

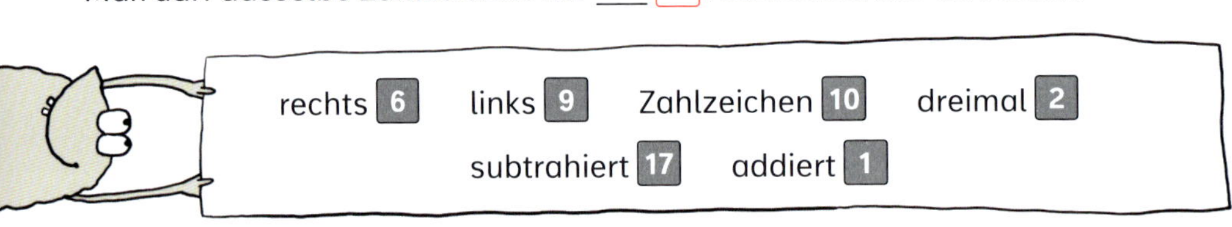

Kannst du diese Zahlen lesen?

7	XXIV	40	5
8	XIX	222	3
9	XL	19	4
10	LXXVII	1999	7
11	CCXXII	495	22
12	CXC	3773	11
13	CDLVL	77	18
14	MIM	24	13
15	MMMDCCLXXIII	190	14

Wie schreibst du diese Zahlen in römischer Schreibweise?

16	17	XXIII	19
17	23	LXVI	20
18	55	XVII	21
19	66	MMCDLXXIX	15
20	158	CLVIII	16
21	869	MCDXL	8
22	1440	MMCMVL	24
23	2479	LV	12
24	2945	DCCCLXIX	23

Löse die Aufgaben.

1	5 · 9	verdoppeln	+ 10	: 50	+ 19	+ 9	= ...
2	68 – 5	: 3	· 4	+ 6	+ 30	: 2	= ...
3	123 + 27	: 3	+ 4	: 6	· 9	+ 12	= ...
4	16 + 5	verdoppeln	+ 38	: 4	+ 15	– 8	= ...
5	5 · 4	+ 61	: 9	· 8	+ 8	: 40	= ...
6	70 : 5	· 3	: 7	+ 48	· 3	– 62	= ...
7	89 + 16	: 5	· 4	– 8	+ 12	: 8	= ...
8	36 : 6	verdoppeln	· 4	+ 15	: 7	+ 12	= ...
9	28 + 9	verdoppeln	+ 25	: 9	+ 21	: 8	= ...
10	15 + 8	+ 30	+ 25	+ 8	: 2	– 43	= ...
11	8 · 8	+ 96	: 4	+ 56	: 3	– 4	= ...
12	96 + 24	verdoppeln	: 3	– 42	: 2	– 11	= ...
13	44 + 12	: 8	· 7	+ 51	– 64	: 6	= ...
14	62 : 2	– 3	· 3	+ 6	: 3	– 15	= ...
15	17 + 19	: 6	· 9	+ 16	– 25	: 5	= ...
16	65 + 16	: 9	: 3	· 7	+ 11	+ 18	= ...
17	43 + 5	verdoppeln	– 16	: 8	– 4	· 7	= ...
18	23 · 3	+ 21	+ 30	: 2	: 30	· 9	= ...
19	56 + 37	: 3	+ 9	· 3	+ 30	: 50	= ...
20	18 · 2	verdoppeln	: 3	: 8	· 11	+ 2	= ...
21	22 + 44	+ 24	: 30	· 6	+ 6	: 2	= ...
22	71 – 22	: 7	· 8	+ 4	– 34	: 2	= ...
23	54 + 17	– 11	· 2	– 30	: 9	+ 22	= ...
24	32 : 8	+ 59	: 7	· 4	+ 14	: 5	= ...

Ergebnis	Aufgabe
4	22
100	17
27	13
21	1
11	5
30	14
8	6
60	18
0	10
2	9
28	2
93	21
12	4
50	20
3	11
10	3
9	15
13	24
6	19
32	7
42	12
15	23
35	8
18	16

Fehlersuche

Stimmt die Rechnung, ja oder nein?

1	2	3	4
235 + 782 1017	538 + 564 1112	941 + 128 1067	564 + 607 1171
 ☺ 13 ☹ 15	☺ 2 ☹ 15	☺ 11 ☹ 18	☺ 2 ☹ 11

5	6	7	8
285 + 451 746	341 + 856 1197	452 + 727 1179	659 + 479 1138
☺ 21 ☹ 11	☺ 16 ☹ 19	☺ 21 ☹ 5	☺ 19 ☹ 24

9	10	11	12
804 + 104 808	753 + 674 1427	534 + 846 1470	936 + 424 1360
☺ 8 ☹ 5	☺ 24 ☹ 22	☺ 1 ☹ 8	☺ 22 ☹ 3

13	14	15	16
896 − 222 677	674 − 534 140	635 − 604 31	853 − 362 491
☺ 17 ☹ 1	☺ 3 ☹ 14	☺ 17 ☹ 9	☺ 14 ☹ 6

17	18	19	20
827 − 648 169	926 − 650 266	581 − 549 32	664 − 251 313
☺ 10 ☹ 9	☺ 7 ☹ 6	☺ 10 ☹ 4	☺ 23 ☹ 7

21	22	23	24
749 − 559 190	911 − 442 459	930 − 275 655	845 − 158 587
☺ 23 ☹ 20	☺ 12 ☹ 4	☺ 20 ☹ 8	☺ 13 ☹ 12

Überschlagen: Addition und Subtraktion

Das Rechnen mit gerundeten Zahlen nennen wir Überschlagsrechnen.
Dieses Zeichen bedeutet: ≈ … ist ungefähr so viel wie …

Überschlage, indem du die Zehner rundest.

1	648	+	325
2	713	–	252
3	383	–	215
4	541	+	481
5	129	+	871
6	187	+	312
7	912	–	195
8	1 444	–	137
9	1 099	–	103
10	492	–	155
11	178	+	814
12	222	+	561

Überschlag	
≈ 540 + 480	24
≈ 490 - 160	15
≈ 710 - 250	19
≈ 1 440 - 140	18
≈ 180 + 810	17
≈ 130 + 870	16
≈ 910 - 200	14
≈ 650 + 330	23
≈ 220 + 560	13
≈ 1 100 - 100	22
≈ 380 - 220	21
≈ 190 + 310	20

Überschlage, indem du die Hunderter rundest.

13	621	–	181	–	312
14	485	+	92	+	150
15	1 023	+	99	+	655
16	477	+	232	+	505
17	2 888	–	555	–	73
18	576	+	771	+	64
19	913	–	555	–	66
20	349	+	201	+	375
21	674	+	450	+	428
22	7 401	–	311	–	805
23	4 555	+	610	+	150
24	871	–	129	–	97

Überschlag	
≈ 2 900 - 600 - 100	1
≈ 7 400 - 300 - 800	7
≈ 700 + 500 + 400	4
≈ 600 - 200 - 300	12
≈ 300 + 200 + 400	5
≈ 4 600 + 600 + 200	6
≈ 500 + 100 + 200	8
≈ 900 - 600 - 100	2
≈ 1 000 + 100 + 700	10
≈ 900 - 100 - 100	3
≈ 500 + 200 + 500	11
≈ 600 + 800 + 100	9

Mündliche Addition

Addieren bedeutet zusammenzählen.
Wir addieren 24 + 31 = 55

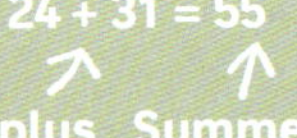

So könntest du rechnen:
24 + 30 = 54
54 + 1 = 55

Löse die Aufgaben.

1	631 + 130 = ...
2	539 + 231 = ...
3	472 + 410 = ...
4	284 + 215 = ...
5	543 + 456 = ...
6	294 + 404 = ...

Ergebnis	
999	17
770	20
499	22
761	21
698	19
882	23

7	420 + 126 + 154 = ...
8	443 + 134 + 213 = ...
9	416 + 213 + 300 = ...
10	220 + 266 + 303 = ...
11	531 + 252 + 116 = ...
12	634 + 125 + 210 = ...

Ergebnis	
969	14
700	13
929	24
789	18
790	15
899	16

13	7 000 + 14 000 = ...
14	45 000 + 32 000 = ...
15	100 000 + 600 000 = ...
16	12 000 + 70 000 = ...
17	2 304 000 + 44 000 = ...
18	61 000 + 45 000 = ...
19	2 300 453 + 1 200 234 = ...
20	75 000 + 23 265 = ...
21	4 400 000 + 1 220 000 = ...
22	8 020 + 1 650 = ...
23	54 000 + 25 000 = ...
24	1 250 220 + 310 220 = ...

Ergebnis	
79 000	4
82 000	10
106 000	12
77 000	7
3 500 687	1
5 620 000	6
21 000	9
2 348 000	2
9 670	8
700 000	11
98 265	3
1 560 440	5

Mündliche Subtraktion

Subtraktion bedeutet abziehen.
Wir subtrahieren 184 – 31 = 153
minus Differenz

Löse die Aufgaben.

So könntest du rechnen:
184 - 30 = 154
154 - 1 = 153

1	631	–	130	=	...
2	539	–	231	=	...
3	472	–	410	=	...
4	284	–	215	=	...
5	543	–	456	=	...
6	694	–	404	=	...

87 7
62 2
290 6
501 3
69 4
308 5

7	420	–	126	–	154	=	...
8	443	–	134	–	213	=	...
9	416	–	213	–	100	=	...
10	520	–	220	–	203	=	...
11	531	–	110	–	116	=	...
12	636	–	125	–	210	=	...

97 8
103 1
140 11
301 12
96 15
305 16

13	723	–	42	=	...
14	504	–	42	=	...
15	730	–	42	=	...
16	284	–	42	=	...
17	388	–	42	=	...
18	444	–	42	=	...

681 9
688 13
346 23
462 17
402 14
242 10

19	420	–	25	=	...
20	223	–	25	=	...
21	666	–	25	=	...
22	532	–	25	=	...
23	641	–	25	=	...
24	170	–	25	=	...

198 21
641 19
395 24
145 20
507 18
616 22

In jedem Kästchen steht die Summe der zwei Zahlen darunter. Welche Zahlen fehlen?

100
[1] [2]
49 18 15
40 [3] 9 6

[6]
[5] 176
55 [4] 99
22 33 44 55

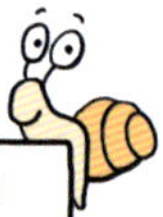

[7]
92 136
35 [8] 79
12 [9] 34 45

1 000
453 [12]
231 [11] 325
136 [10] 127 198

9 **4**	23 **3**	33 **11**	57 **20**	67 **7**	77 **8**
95 **15**	132 **16**	222 **19**	228 **24**	308 **12**	547 **23**

In jedem Kästchen steht die Differenz der zwei Zahlen darüber. Welche Zahlen fehlen?

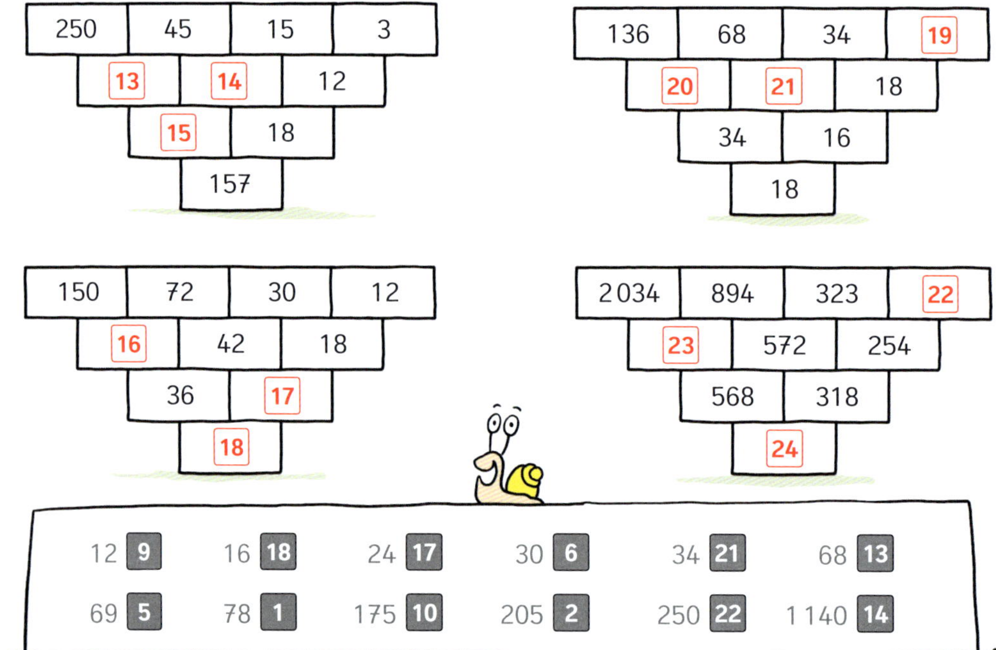

Überschlagen: Multiplikation und Division

Das Rechnen mit gerundeten Zahlen nennen wir Überschlagsrechnen.
Dieses Zeichen bedeutet: ≈ ... ist ungefähr so viel wie ...

Überschlage, indem du die Zehner rundest.

Nr.	Aufgabe		Überschlag	Nr.
1	68 · 40		≈ 70 · 40	17
2	35 · 60		≈ 70 · 30	14
3	48 · 41		≈ 40 · 60	1
4	17 · 121		≈ 20 · 120	6
5	121 · 37		≈ 120 · 40	3
6	66 · 25		≈ 50 · 40	10

Nr.	Aufgabe		Überschlag	Nr.
7	21 · 62		≈ 60 · 90	20
8	19 · 15		≈ 70 · 30	12
9	58 · 35		≈ 20 · 60	7
10	39 · 21		≈ 20 · 20	23
11	71 · 32		≈ 60 · 40	9
12	62 · 88		≈ 40 · 20	4

Nr.	Aufgabe		Überschlag	Nr.
13	364 : 60		≈ 360 : 40	18
14	136 : 21		≈ 550 : 50	19
15	351 : 74		≈ 360 : 60	5
16	364 : 42		≈ 350 : 70	21
17	554 : 49		≈ 140 : 20	13
18	315 : 82		≈ 320 : 80	22

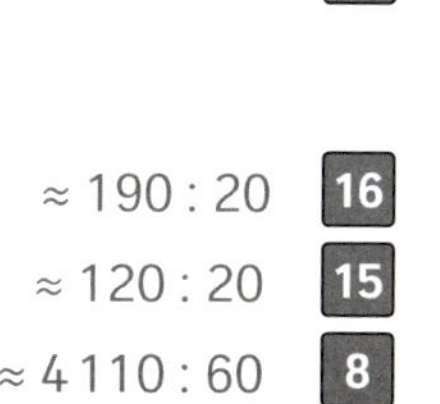

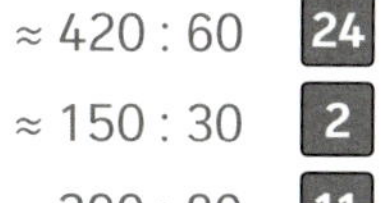

Nr.	Aufgabe		Überschlag	Nr.
19	4 108 : 58		≈ 190 : 20	16
20	388 : 77		≈ 120 : 20	15
21	117 : 23		≈ 4 110 : 60	8
22	145 : 33		≈ 420 : 60	24
23	422 : 56		≈ 150 : 30	2
24	193 : 19		≈ 390 : 80	11

Multiplizieren

Multiplizieren bedeutet malnehmen.
Wir multiplizieren

$5 \cdot 4 = 20$

mal Produkt

Rechne aus.

1	6 · 3 = ...	56	14
2	8 · 2 = ...	49	13
3	7 · 8 = ...	54	24
4	3 · 11 = ...	18	15
5	7 · 7 = ...	16	17
6	9 · 6 = ...	33	16

7	4 · 7 = ...	40	3
8	8 · 5 = ...	63	18
9	2 · 12 = ...	32	4
10	8 · 9 = ...	28	5
11	8 · 4 = ...	24	19
12	7 · 9 = ...	72	2

13	2 · ☐ = 80	8	7
14	4 · ☐ = 80	40	21
15	10 · ☐ = 80	16	22
16	5 · ☐ = 80	20	23

17	2 · ☐ = 36	9	6
18	6 · ☐ = 36	12	9
19	4 · ☐ = 36	18	11
20	3 · ☐ = 36	6	20

21	32 · ☐ = 96	4	10
22	48 · ☐ = 96	1	8
23	24 · ☐ = 96	3	1
24	96 · ☐ = 96	2	12

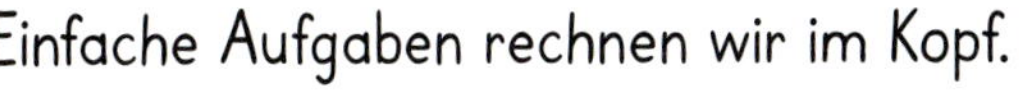

So könntest du 23 · 4 rechnen:

80 + 12 = 92

Nr.	Aufgabe
1	21 · 8 = ...
2	15 · 8 = ...
3	24 · 4 = ...
4	31 · 7 = ...
5	42 · 5 = ...
6	34 · 3 = ...
7	14 · 6 = ...
8	18 · 9 = ...
9	82 · 3 = ...
10	44 · 4 = ...
11	36 · 3 = ...
12	17 · 5 = ...

Ergebnis	Nr.
217	16
84	19
176	12
168	3
102	14
96	18
120	1
210	23
162	21
85	8
246	5
108	10

Nr.	Aufgabe
13	61 · 6 = ...
14	56 · 6 = ...
15	19 · 7 = ...
16	22 · 6 = ...
17	45 · 3 = ...
18	22 · 5 = ...
19	62 · 3 = ...
20	35 · 4 = ...
21	13 · 8 = ...
22	19 · 5 = ...
23	21 · 9 = ...
24	22 · 7 = ...

Ergebnis	Nr.
135	7
189	22
366	15
95	2
132	4
140	9
336	13
154	24
110	6
133	17
104	11
186	20

Dividieren

Dividieren bedeutet gleichmäßig verteilen.

Wir dividieren 20 : 4 = 5

geteilt durch (:) — **Quotient** (5)

Mit der Umkehraufgabe können wir prüfen, ob wir richtig gerechnet haben.

20 : 4 = 5, denn 5 · 4 = 20

Rechne aus.

Nr.	Aufgabe		
1	33 : 3 = ...	8	22
2	27 : 9 = ...	7	15
3	56 : 7 = ...	9	8
4	26 : 2 = ...	11	11
5	49 : 7 = ...	3	7
6	27 : 3 = ...	13	12

Nr.	Aufgabe		
7	72 : 6 = ...	10	5
8	90 : 9 = ...	5	2
9	18 : 3 = ...	2	6
10	32 : 8 = ...	12	1
11	4 : 2 = ...	6	21
12	25 : 5 = ...	4	16

Größer (>), kleiner (<) oder gleich (=)?

Nr.	Aufgabe		>	<	=
13	28 : 4 ☐ 49 : 7		19	9	23
14	80 : 5 ☐ 51 : 3		24	19	13
15	56 : 7 ☐ 99 : 11		10	9	14
16	44 : 4 ☐ 77 : 7		23	13	24
17	48 : 2 ☐ 100 : 5		13	3	10
18	90 : 3 ☐ 100 : 2		14	10	17
19	66 : 6 ☐ 22 : 2		20	18	14
20	121 : 11 ☐ 90 : 9		17	3	4
21	90 : 6 ☐ 60 : 4		20	18	3
22	85 : 5 ☐ 240 : 12		4	20	18
23	39 : 3 ☐ 72 : 6		18	23	19
24	52 : 13 ☐ 48 : 12		13	17	4

Rechne aus.

Nr.	Aufgabe
1	168 : 21 = ...
2	120 : 8 = ...
3	96 : 4 = ...
4	217 : 7 = ...
5	210 : 5 = ...
6	102 : 3 = ...
7	84 : 6 = ...
8	162 : 9 = ...
9	246 : 3 = ...
10	176 : 4 = ...
11	108 : 3 = ...
12	102 : 6 = ...

Ergebnis	Nr.
31	10
14	1
44	6
8	9
17	14
24	12
15	7
42	17
18	3
34	20
82	23
36	4

Einfache Aufgaben rechnen wir im Kaopf. So könntest du rechnen:

63 : 3 = ?
60 : 3 = 20
3 : 3 = 1
20 + 1 = 21

Nr.	Aufgabe
13	366 : 6 = ...
14	336 : 6 = ...
15	133 : 7 = ...
16	132 : 6 = ...
17	135 : 3 = ...
18	115 : 5 = ...
19	186 : 3 = ...
20	140 : 4 = ...
21	104 : 8 = ...
22	85 : 5 = ...
23	189 : 9 = ...
24	168 : 7 = ...

Ergebnis	Nr.
45	13
21	16
61	21
17	8
22	22
35	15
56	19
24	18
23	24
19	11
13	5
62	2

Quadratzahlen

Wenn man eine ganze Zahl mit sich selbst multipliziert, entsteht die Quadratzahl.
Der Begriff kommt aus der Geometrie, weil sich die Quadratzahlen in einem Quadrat abbilden lassen.

5 x 5 = 25

Rechne aus.

1	1	·	1	=	...
2	2	·	2	=	...
3	3	·	3	=	...
4	4	·	4	=	...
5	5	·	5	=	...
6	6	·	6	=	...
7	7	·	7	=	...
8	8	·	8	=	...
9	9	·	9	=	...
10	10	·	10	=	...
11	11	·	11	=	...
12	12	·	12	=	...

36	18	2	20	3	22
16	10	25	1	40	16
13	7	99	24	146	12
64	3	144	6	49	5
38	8	7	19	155	15
121	4	4	17	81	13
123	11	19	23	88	21
1	9	100	2	9	14

13	16	:	4	=	...
14	100	:	10	=	...
15	144	:	12	=	...
16	36	:	6	=	...
17	64	:	8	=	...
18	121	:	11	=	...
19	4	:	2	=	...
20	25	:	5	=	...
21	81	:	9	=	...
22	9	:	3	=	...
23	49	:	7	=	...
24	1	:	1	=	...

4	21	3	24	11	20
5	15	12	19	8	11
2	12	10	23	1	8
7	16	6	22	9	7

Welche Zahlen verstecken sich hinter den Bildern?

Jede Sorte steht für eine Ziffer.
Zwei Ziffern können eine Zahl bilden.

		1	2	3	4	5	6	7	8	9	0
1	Erdbeere	4	2	6	9	8	1	12	3	10	5
2	Birne	5	1	9	3	12	10	8	2	6	4
3	Banane	10	3	2	11	6	4	1	5	8	12
4	Pflaume	5	2	6	12	1	9	3	8	7	4
5	Nuss	6	4	1	2	8	12	11	9	10	5
6	Kiwi	8	12	3	9	2	1	4	6	5	10
7	Trauben	2	6	4	1	5	10	9	8	3	12
8	Ananas	9	8	2	12	3	6	4	1	5	11
9	Apfel	3	9	10	6	4	12	2	5	8	1
10	Orange	5	1	4	10	2	6	9	12	3	8

Jetzt kannst du auch diese Aufgaben lösen.

11

12

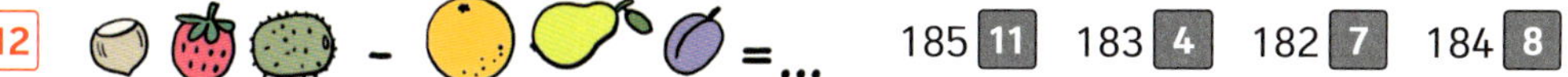

Finde zu diesen Textaufgaben
die Rechenaufgabe und die Lösung.

1	2	Zähle die Zahlen 37 und 58 zusammen.
3	4	Berechne das Dreifache der Zahl 24.
5	6	Vermindere 68 um 12.
7	8	Dividiere 72 durch 9.
9	10	Berechne die Summe von 68 und 12.
11	12	Bilde den Quotienten aus 42 und 7.
13	14	Subtrahiere von der Zahl 58 die Zahl 37.
15	16	Subtrahiere die Zahl 9 von 72.
17	18	Multipliziere 4 mit 7.
19	20	Verfünffache die Zahl 25.
21	22	Ziehe 27 von 72 ab.
23	24	Ziehe von 27 die Zahl 7 ab.

37	+	58	4	8	15
68	–	12	11	95	19
5	·	25	2	21	13
42	:	7	16	28	18
4	·	7	1	72	3
27	–	7	21	20	6
58	–	37	9	6	8
68	+	12	23	63	10
3	·	24	24	56	20
72	–	9	17	45	14
72	:	9	7	80	12
72	–	27	5	125	22

1	2	Quadriere die Zahl 7.
3	4	Bilde die Differenz der Zahlen 67 und 15.
5	6	Verdoppele die Zahl 108.
7	8	Nimm 25 von 85 weg.
9	10	Addiere die Zahlen 54 und 46.
11	12	Berechne den Unterschied von 145 und 97.
13	14	Bilde das Produkt aus 6 und 7.
15	16	Vermehre 200 um 166.
17	18	Vervielfache 6 mit 5.
19	20	Teile 200 durch 8.
21	22	Summiere die Zahlen 67 und 15.
23	24	Nimm 12 mit 6 mal.

2	·	108	16	366	7
145	–	97	13	100	15
6	·	5	6	42	12
67	–	15	21	60	14
200	:	8	5	30	9
54	+	46	22	82	11
12	·	6	1	48	17
85	–	25	18	52	19
7	·	7	20	49	24
67	+	15	4	25	2
6	·	7	8	216	23
200	+	166	10	72	3

Mit Klammern rechnen

Was in Klammern steht, wird zuerst ausgerechnet.

Löse die Aufgaben.

1	(17 + 13) + 7 = ...	2	17 + (13 + 7) = ...
3	(65 − 15) + 5 = ...	4	65 − (15 + 5) = ...
5	2 · (3 · 4) = ...	6	(2 · 3) · 4 = ...
7	(90 : 15) : 3 = ...	8	90 : (15 : 3) = ...
9	6 · (8 · 10) = ...	10	(6 · 8) · 10 = ...
11	24 : (4 : 2) = ...	12	(24 : 4) : 2 = ...
13	150 + (25 + 15) = ...	14	(150 + 25) + 15 = ...
15	150 − (25 − 15) = ...	16	(150 − 25) − 15 = ...
17	(60 : 6) : 2 = ...	18	60 : (6 : 2) = ...
19	5 · (7 · 2) = ...	20	(5 · 7) · 2 = ...
21	(245 − 37) − 8 = ...	22	245 − (37 − 8) = ...

5	4	70	3	110	8	18	13
200	5	190	7	480	18	20	12
24	17	12	14	37	22	24	21
480	23	55	24	3	15	216	9
140	11	2	16	45	20	70	1
37	19			190	10		

Wie gehen die Sätze weiter?

23 Bei Addition und Multiplikation ...

24 Bei Subtraktion und Division ...

... ändert die Position der Klammern das Ergebnis nicht. 2

... ändert die Position der Klammern das Ergebnis. 6

Punkt vor Strich

Punkt oder Strichrechnung?

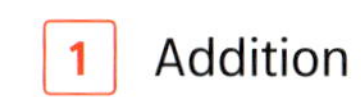

1 Addition	
Punkt 18	Strich 19

2 Division	
Punkt 21	Strich 20

3 Multiplikation	
Punkt 24	Strich 23

4 Subtraktion	
Punkt 9	Strich 8

Rechne aus.

Nr.	Aufgabe	Ergebnis	
5	3 · 4 + 5 = ...	35	13
6	3 · (4 + 5) = ...	27	22
7	3 + 4 · 5 = ...	17	5
8	(3 + 4) · 5 = ...	23	15

Nr.	Aufgabe	Ergebnis	
9	120 : 10 − 5 = ...	7	11
10	120 : (10 − 5) = ...	118	16
11	(120 − 10) : 5 = ...	22	2
12	120 − 10 : 5 = ...	24	18

Nr.	Aufgabe	Ergebnis	
13	2 + 5 · 10 = ...	10	3
14	2 · (5 + 10) = ...	15	12
15	2 · 5 + 10 = ...	20	23
16	(2 + 5) · 10 = ...	30	9
17	2 · 10 − 2 · 5 = ...	52	7
18	(5 − 2) · (10 − 5) = ...	70	20

Wie musst du die Klammern setzen, damit die Aufgabe stimmt?

Nr.	Aufgabe	Klammern	
19	7 + 10 · 3 = 51	■■■	1
20	7 + 10 · 3 = 37	(■■)■	4
21	7 · 10 − 3 = 49	■(■■)	17

Nr.	Aufgabe	Klammern	
22	10 : 5 + 22 = 24	■■■	10
23	2 · 20 − 8 = 24	(■■)■	6
24	12 − 4 · 3 = 24	■(■■)	14

Vorteilhaft rechnen: das Vertauschungsgesetz

Beim Addieren dürfen die Zahlen vertauscht werden. Das Ergebnis ändert sich nicht.

Rechne die Aufgaben der Reihe nach aus.

2 500	24	1	23 + 57
68	17	3	540 + 1 960
80	7	5	4 + 38 + 26
84	15	7	58 + 14 + 12

2	57 + 23	80	9
4	1 960 + 540	84	13
6	26 + 4 + 38	68	22
8	58 + 12 + 14	2 500	20

Welche Zahlen vertauschst du, um vorteilhaft zu rechnen?

9 3 + 15 + 7
- 3 und 15 — 11
- 7 und 3 — 19

10 13 + 65 + 27
- 27 und 13 — 21
- 65 und 13 — 6

11 24 + 18 + 6
- 24 und 6 — 23
- 18 und 6 — 2

12 102 + 57 + 8
- 57 und 8 — 4
- 102 und 8 — 8

Auch beim Multiplizieren können die Zahlen vertauscht werden, ohne dass sich das Ergebnis ändert.

Beim Subtrahieren und Dividieren dürfen die Zahlen nicht beliebig vertauscht werden!

Rechne die Aufgaben der Reihe nach aus.

300	16	13	3 · 7
21	19	15	6 · 8
70	3	17	2 · 7 · 5
48	23	19	4 · 3 · 25

14	7 · 3	21	21
16	8 · 6	70	12
18	2 · 5 · 7	48	8
20	4 · 25 · 3	300	1

Welche Zahlen vertauschst du, um vorteilhaft zu rechnen?

21 2 · 7 · 6 · 5
- 7 und 5 — 5
- 2 und 7 — 14

22 25 · 8 · 4 · 3
- 8 und 4 — 10
- 3 und 4 — 18

23 2 · 9 · 50 · 8
- 8 und 9 — 24
- 9 und 50 — 14

24 5 · 7 · 3 · 20
- 7 und 20 — 18
- 3 und 20 — 17

Vorteilhaft rechnen: das Verbindungsgesetz

Bei der Addition können Zahlen beliebig durch Klammern zusammengefasst werden. Das Ergebnis bleibt gleich.

Rechne die Aufgaben der Reihe nach aus.

2000	4	**1** $36 + (24 + 40)$	**2** $(36 + 24) + 40$	100	17
100	13	**3** $555 + (445 + 760) + 240$	**4** $(555 + 445) + (760 + 240)$	2050	1
115	3	**5** $(71 + 29) + 15$	**6** $71 + (29 + 15)$	115	6
2050	5	**7** $(40 + 1\,001) + 1\,009$	**8** $40 + (1\,001 + 1\,009)$	2000	2

Welche Zahlen musst du mit Klammern verbinden, um vorteilhaft zu rechnen?

9 $36 + 14 + 17 + 19$		**10** $202 + 8 + 43 + 15$		**11** $23 + 15 + 230 + 70$		**12** $81 + 19 + 16 + 40$	
36 und 14	15	202 und 8	16	23 und 15	11	81 und 19	18
17 und 19	19	43 und 15	12	230 und 70	14	16 und 40	20

Auch beim Multiplizieren können die Zahlen verbunden werden, ohne dass sich das Ergebnis ändert.

Rechne die Aufgaben der Reihe nach aus.

72	9	**13** $(2 \cdot 3) \cdot 7$	**14** $2 \cdot (3 \cdot 7)$	42	11
42	7	**15** $2 \cdot (2 \cdot 3) \cdot 6$	**16** $(2 \cdot 2) \cdot 3 \cdot 6$	240	22
600	12	**17** $(2 \cdot 5) \cdot 8 \cdot 3$	**18** $2 \cdot (5 \cdot 8) \cdot 3$	600	19
240	23	**19** $5 \cdot 20 \cdot 3 \cdot 2$	**20** $5 \cdot 20 \cdot (3 \cdot 2)$	72	20

Beim Subtrahieren und Dividieren dürfen die Zahlen nicht beliebig verbunden werden!

Welche Zahlen musst du mit Klammern verbinden, um vorteilhaft zu rechnen?

21 $25 \cdot 4 \cdot 7$		**22** $8 \cdot 2 \cdot 5$		**23** $20 \cdot 5 \cdot 17$		**24** $4 \cdot 3 \cdot 5 \cdot 2$	
$(25 \cdot 4)$	21	$(8 \cdot 2)$	10	$(5 \cdot 17)$	4	$(5 \cdot 2)$	10
$(4 \cdot 7)$	24	$(2 \cdot 5)$	24	$(20 \cdot 5)$	8	$(4 \cdot 3)$	9

Noch mehr Textaufgaben

Löse die Aufgaben.

1 Ich multipliziere die Zahl 3 mit sich selbst,
zähle 45 dazu, teile das Ergebnis durch 6 und erhalte ...

2 Ich multipliziere 8 mit 7, zähle 24 dazu, teile die
erhaltene Summe durch 10 und erhalte ...

3 Ich denke mir die Zahl 71, ziehe davon 5 ab,
teile dann durch 6 und erhalte ...

4 Ich ziehe 23 von 100 ab, teile durch 7, zähle 9 dazu, teile
noch einmal durch 4 und erhalte ...

5 Ich verdopple die Zahl 24,
teile das Ergebnis durch 4 und erhalte ...

6 Ich multipliziere 8 mit 4, verdreifache diese Zahl,
ziehe 95 ab und erhalte ...

7 Ich teile die Zahl 99 durch 9, zähle 4 dazu,
teile dann durch 5 und erhalte ...

8 Ich teile die Zahl 100 durch 4, zähle 11 dazu,
teile dann durch 6 und erhalte ...

9 Ich addiere 29 und 18, ziehe 5 ab,
teile durch 6 und erhalte ...

10 Ich subtrahiere 12 von 84, teile durch 8,
bestimme die größere Nachbarzahl und erhalte ...

11 Ich multipliziere 6 mit 5, zähle 14 dazu,
teile durch 4, ziehe 9 ab und erhalte ...

12 Ich multipliziere 12 mit 4, zähle 12 dazu, teile durch 3,
subtrahiere von dem Ergebnis 16 und erhalte ...

13 Ich addiere 48 und 4, teile durch 2, ziehe 13 ab und erhalte ...

14 Ich halbiere die Zahl 90, teile durch 3, zähle 8 dazu und erhalte ...

15 Ich verdopple die Zahl 42, ziehe 3 ab, teile durch 9, addiere 29, teile durch 2 und erhalte ...

16 Ich teile 100 durch 10, multipliziere mit 6, ziehe 16 ab, halbiere diese Zahl und erhalte ...

17 Ich teile 96 durch 2, ziehe 20 ab, teile noch einmal durch 2 und erhalte ...

18 Ich ziehe 8 von 50 ab, teile durch 7, zähle 26 dazu, halbiere dieses Ergebnis und erhalte ...

19 Ich multipliziere die Zahl 7 mit sich selbst, addiere 51, teile durch 5 und erhalte ...

20 Ich addiere 32 und 28, verdopple diese Zahl, subtrahiere erst 20, dann 28, teile das Ergebnis durch 3 und erhalte ...

21 Ich multipliziere 6 mit 6, verdopple dieses Ergebnis, ziehe 9 ab, teile durch 3 und erhalte ...

22 Ich multipliziere 15 mit 3, verdopple das Ergebnis, teile durch 9, zähle 5 dazu und erhalte ...

23 Ich ziehe 7 von 18 ab, multipliziere mit 3, zähle 3 dazu, halbiere diese Zahl und erhalte ...

24 Ich verdopple 45, ziehe 12 ab, halbiere diese Zahl, subtrahiere 22 und erhalte ...

Rechnen mit Mister X

Buchstaben können als Platzhalter für Zahlen stehen. Sie heißen Variablen.

Setze die Zahlen für die Variable x ein und berechne den Term.

x + 7

	x		Ergebnis	
1	3		14	15
2	7		57	11
3	25		1 777	16
4	50		10	12
5	93		100	2
6	1 770		32	7

250 – x

	x		Ergebnis	
7	25		41	5
8	17		233	6
9	130		132	4
10	238		225	3
11	209		12	1
12	118		120	8

x · 12

	x		Ergebnis	
13	3		60	20
14	4		96	9
15	5		36	24
16	6		144	19
17	8		48	21
18	12		72	23

100 : x

	x		Ergebnis	
19	2		20	14
20	4		4	13
21	5		5	17
22	10		25	18
23	20		10	22
24	25		50	10

25 + x + 9

1	5
2	10
3	16
4	115
5	160
6	30

50	18
149	2
194	11
39	13
64	16
44	15

72 – x + 9

7	64
8	44
9	72
10	13
11	5
12	50

17	3
68	24
76	8
37	19
31	4
9	5

Denk auch an
die Punkt-vor-Strich-Regel!

24 : x + 6

13	2
14	3
15	4
16	6
17	8
18	12

12	17
9	9
18	1
8	6
14	21
10	14

2 · x – 6

19	3
20	33
21	10
22	25
23	503
24	5 003

0	10
14	23
10 000	12
44	22
60	7
1 000	20

Gleichungen

Welche Zahl musst du für X einsetzen, damit die Gleichung stimmt?

1 $14 + x = 25$

2 $25 \cdot x = 50$

3 $50 : x = 10$

4 $10 + x = 27$

5 $27 + x = 66$

6 $66 : x = 11$

5	6
39	11
11	13
17	2
2	15
6	4

7 $250 - x = 225$

8 $225 \cdot x = 450$

9 $450 - x = 300$

10 $300 : x = 50$

11 $50 \cdot x = 150$

12 $150 - x = 62$

2	7
150	17
3	20
25	9
88	22
6	24

Löse auch diese Gleichungen!

13 $20 \cdot x + 8 = 88$

14 $x + 10 - 5 = 50$

15 $x : 2 + 7 = 57$

16 $2 \cdot x - 3 = 67$

17 $x : 5 + 5 = 10$

18 $4 \cdot 25 - x = 80$

100	5
4	1
25	21
20	18
35	14
45	3

19 $63 - x = 10 \cdot 6$

20 $x \cdot 4 = 100 - 20$

21 $7 \cdot x = 10\,000 - 3\,000$

22 $x : 5 = 10 \cdot 10$

23 $77 + 33 = x + 10$

24 $x : 8 = 2 \cdot 4$

3	10
500	16
1 000	23
100	8
20	19
64	12

Welcher Term passt zu welchem Text?

Finde die Rechenaufgabe und die Lösung.

1	2	Ziehe die Differenz der Zahlen 12 und 3 von der Differenz der Zahlen 24 und 4 ab.
3	4	Subtrahiere vom Quotienten von 24 und 4 den Quotienten von 12 und 3.
5	6	Berechne das Produkt aus der Differenz der Zahlen 24 und 4 und der Summe von 12 und 3.
7	8	Nimm die Differenz der Zahlen 24 und 4 mit dem Quotienten von 12 und 3 mal.
9	10	Dividiere die Summe von 24 und 4 durch den Quotienten von 12 und 3.
11	12	Subtrahiere die Differenz von 12 und 3 von der Summe der Zahlen 24 und 4.

$24 : 4 - 12 : 3$	18
$(24 + 4) : (12 : 3)$	17
$(24 - 4) \cdot (12 + 3)$	5
$24 + 4 - (12 - 3)$	4
$(24 - 4) - (12 - 3)$	15
$(24 - 4) \cdot (12 : 3)$	1

Lösung	
11	13
80	3
19	2
2	16
7	6
300	14

13	14	Dividiere die Summe aus 84 und 7 durch den Quotienten von 42 und 6.
15	16	Berechne die Differenz aus der Summe von 84 und 7 und der Differenz von 42 und 6.
17	18	Bilde den Quotienten aus der Differenz von 84 und 7 und dem Quotienten von 42 und 6.
19	20	Zähle die Summe von 42 und 6 zum Quotienten von 84 und 7 dazu.
21	22	Addiere die Differenz aus 84 und 7 mit der Summe aus 42 und 6.
23	24	Bilde das Produkt aus den Quotienten der Zahlen 84 und 7 sowie der Zahlen 42 und 6.

$(84 - 7) : (42 : 6)$	7
$(84 : 7) \cdot (42 : 6)$	10
$84 + 7 - (42 - 6)$	23
$84 : 7 + 42 + 6$	8
$(84 - 7) + 42 + 6$	11
$(84 + 7) : (42 : 6)$	21

Lösung	
84	12
60	9
13	19
125	20
11	24
55	22

Würfelnetze

Ergibt das jeweilige Netz einen Würfel?

1

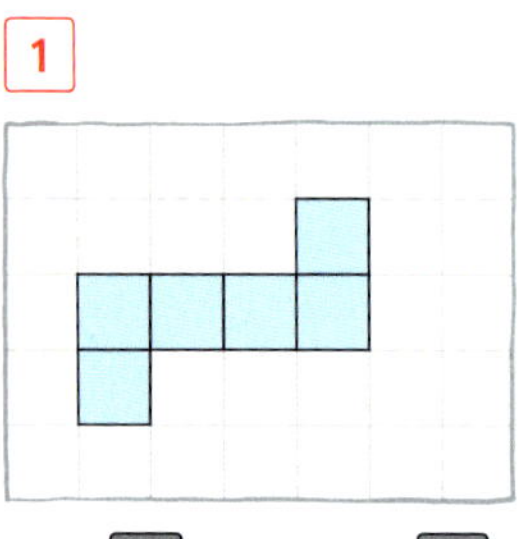

ja 7 nein 12

2

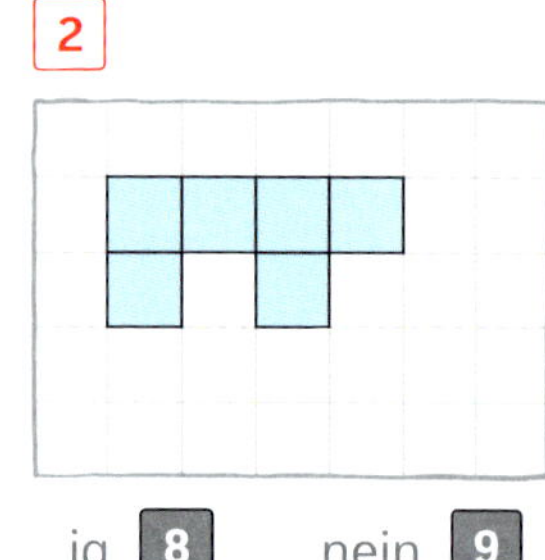

ja 8 nein 9

3

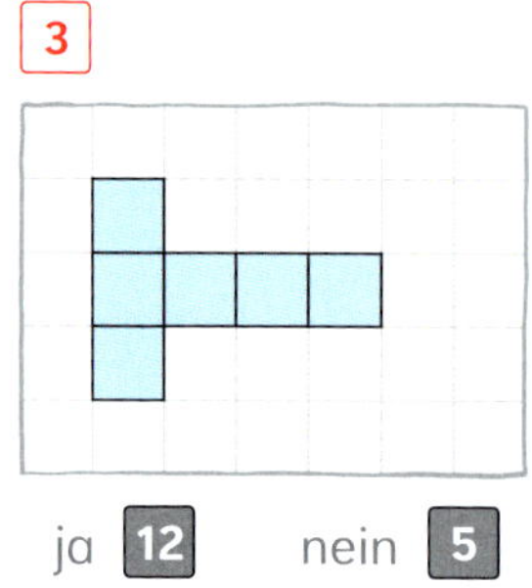

ja 12 nein 5

4

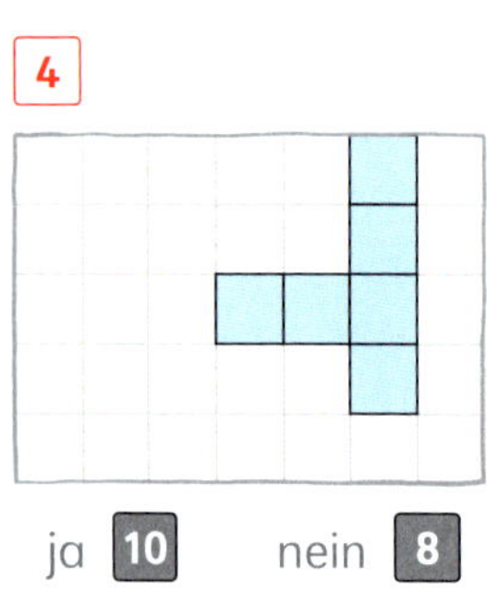

ja 10 nein 8

5

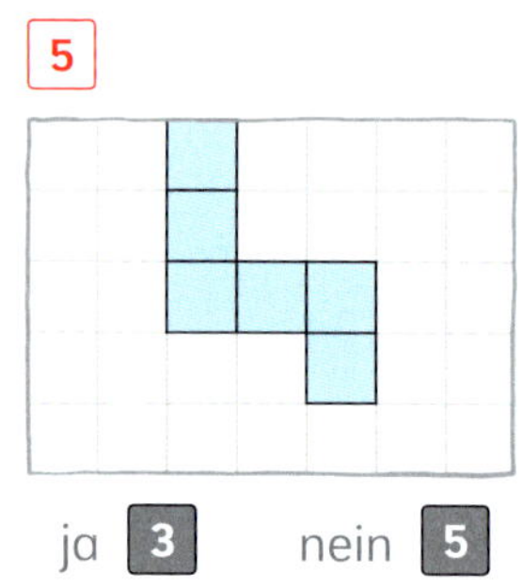

ja 3 nein 5

6

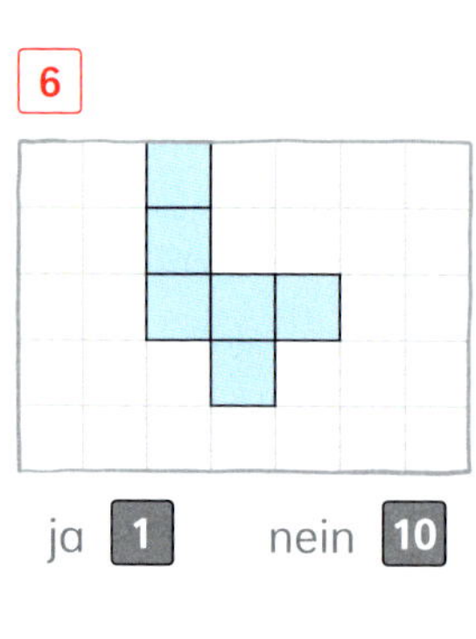

ja 1 nein 10

7

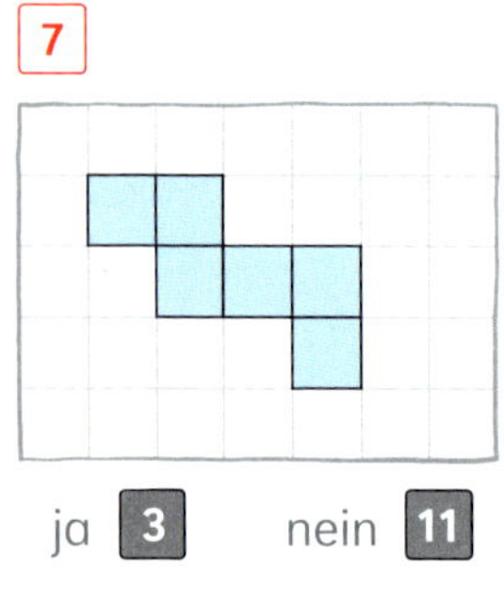

ja 3 nein 11

8

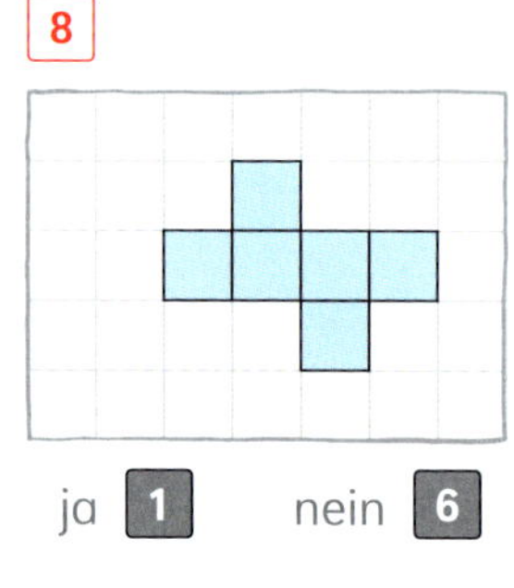

ja 1 nein 6

9

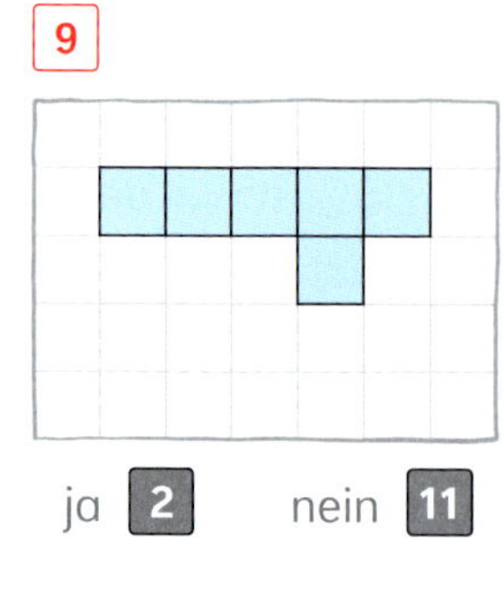

ja 2 nein 11

10

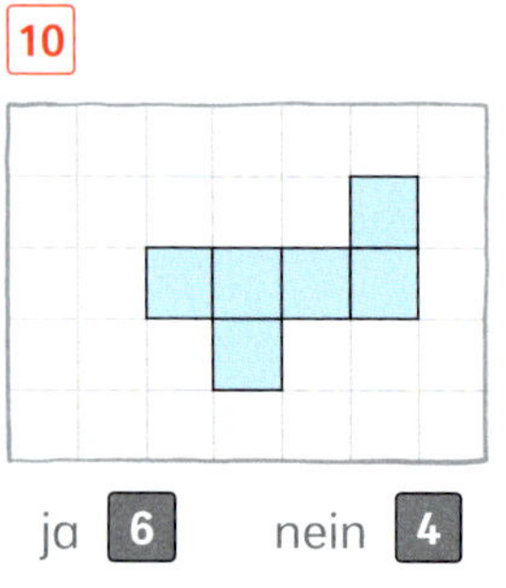

ja 6 nein 4

11

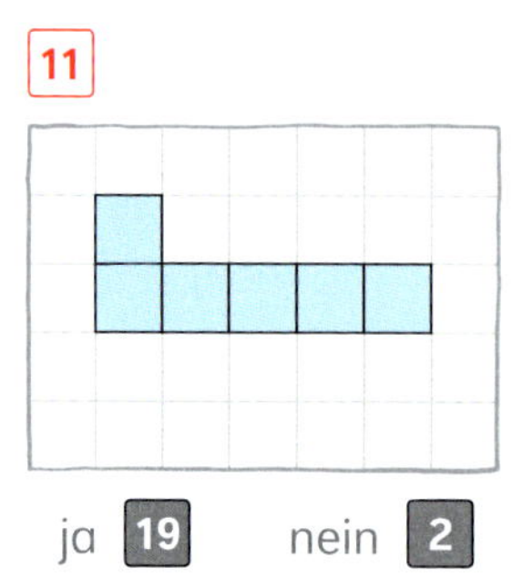

ja 19 nein 2

12

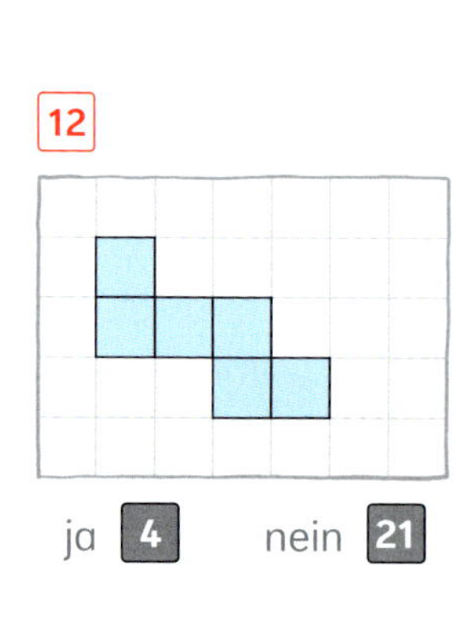

ja 4 nein 21

Quadernetze

Ergibt das jeweilige Netz einen Quader?

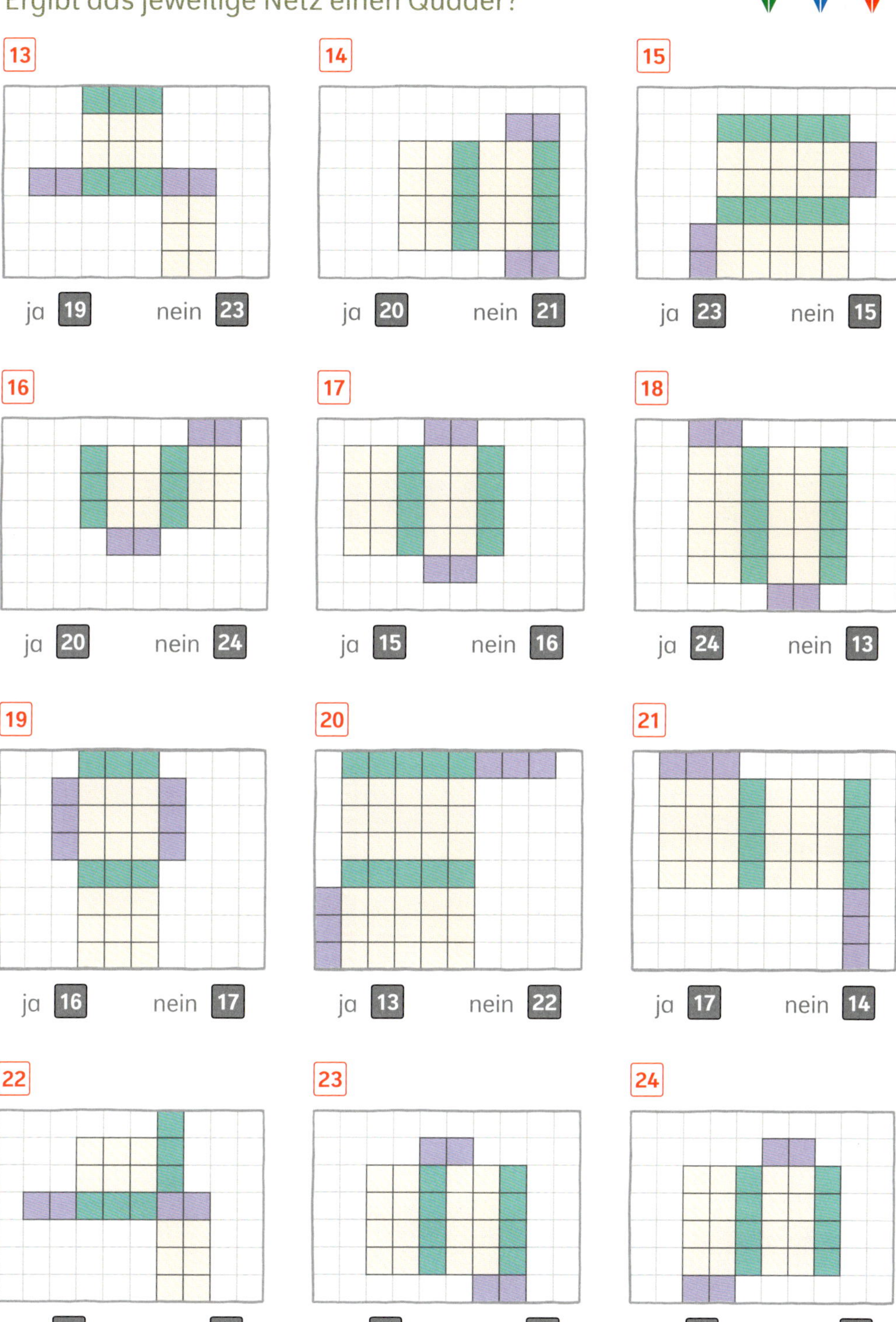

Wie viele Symmetrieachsen haben diese Figuren?

1

0	18
1	19
2	13
3	21
4	24
5	20
6	17
7	22

2

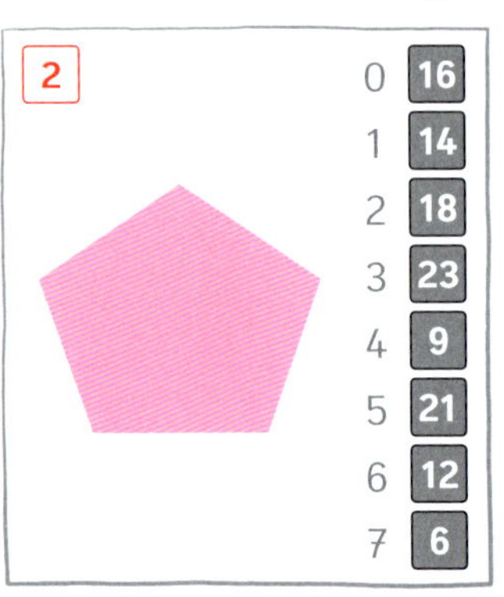

0	16
1	14
2	18
3	23
4	9
5	21
6	12
7	6

3

0	22
1	24
2	3
3	8
4	16
5	14
6	18
7	13

4

0	6
1	2
2	10
3	5
4	20
5	18
6	14
7	17

5

0	22
1	8
2	17
3	15
4	18
5	16
6	13
7	23

6

0	22
1	7
2	9
3	11
4	12
5	15
6	19
7	1

7

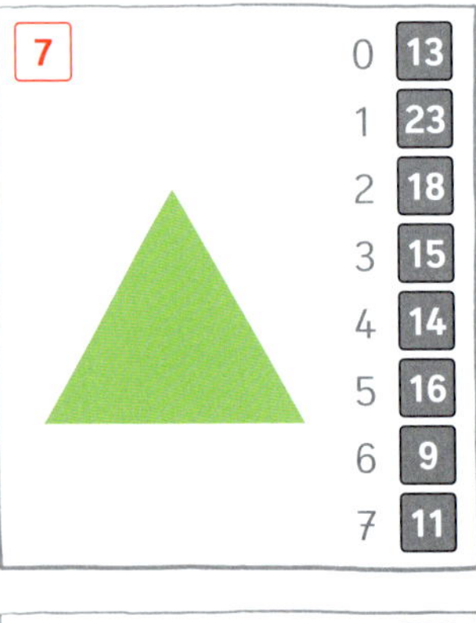

0	13
1	23
2	18
3	15
4	14
5	16
6	9
7	11

8

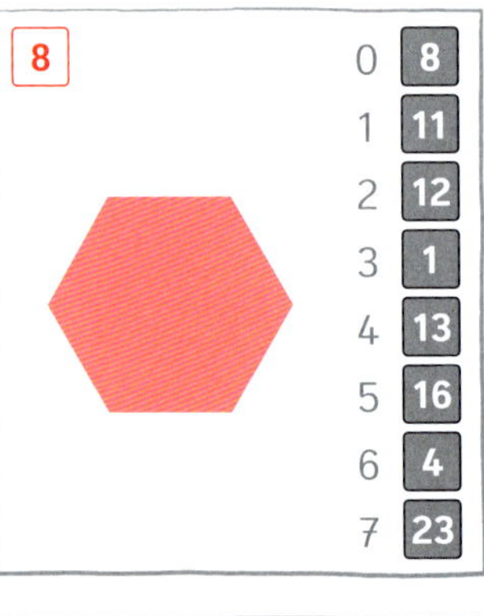

0	8
1	11
2	12
3	1
4	13
5	16
6	4
7	23

9

0	18
1	23
2	14
3	5
4	12
5	7
6	16
7	10

10

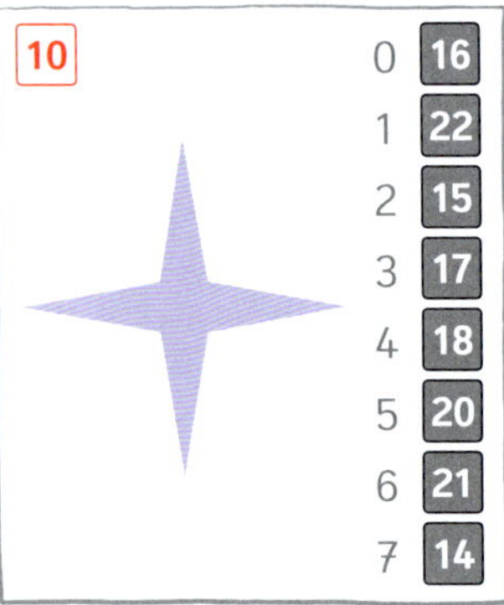

0	16
1	22
2	15
3	17
4	18
5	20
6	21
7	14

11

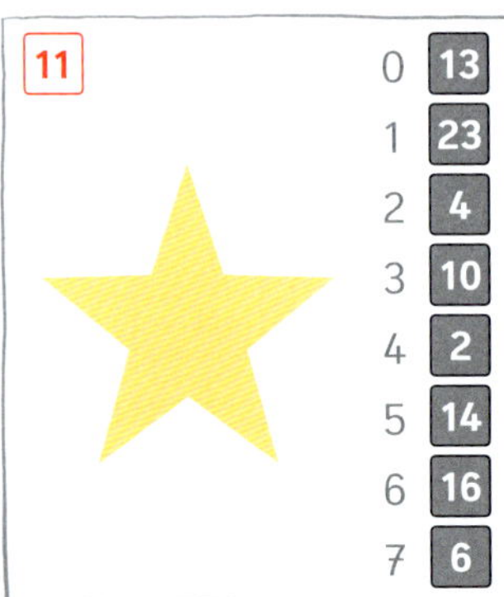

0	13
1	23
2	4
3	10
4	2
5	14
6	16
7	6

12

0	7
1	12
2	3
3	4
4	17
5	22
6	24
7	16

Wie viele Symmetrieachsen es hier wohl gibt? →

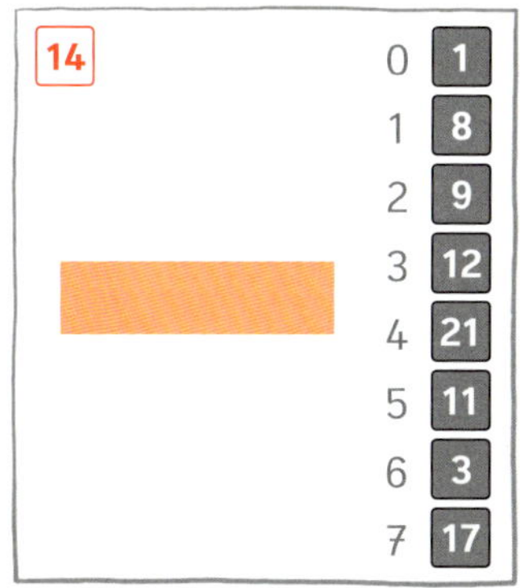

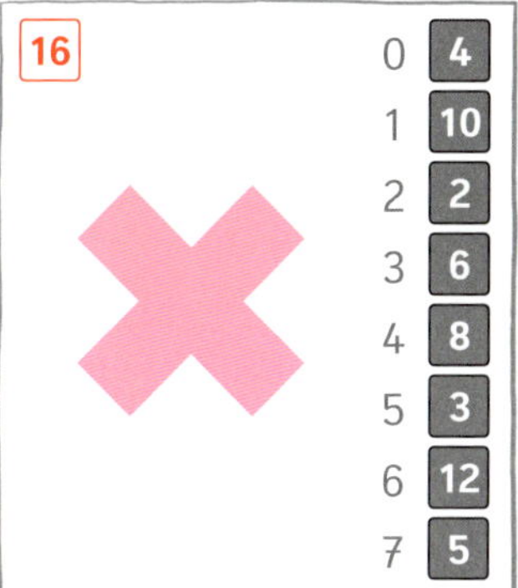

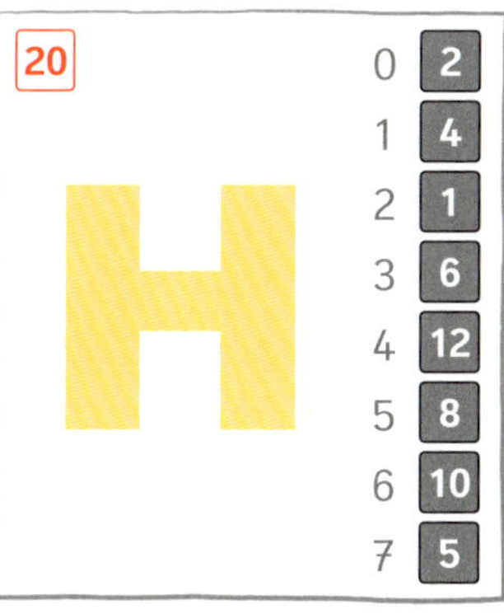

Wie heißt meine Zahl?

Diese Aufgaben musst du „rückwärts" rechnen. Beginne mit dem Endergebnis. Aus plus wird minus, aus Multiplikation wird Division, aus verdoppeln wird halbieren.

Finde die gedachte Zahl.

1 Ich denke mir eine Zahl, multipliziere sie mit 5, verdopple sie, zähle 10 dazu und erhalte 60.

2 Ich denke mir eine Zahl, subtrahiere 5, multipliziere mit 10, addiere 7 und erhalte 37.

3 Ich denke mir eine Zahl, zähle 6 dazu, teile das Ergebnis durch 2, multipliziere mit 6 und erhalte 30.

4 Ich denke mir eine Zahl, addiere 7 dazu, multipliziere mit 2, teile durch 4 und erhalte 8.

5 Ich denke mir eine Zahl, multipliziere sie mit 10, ziehe 20 ab, teile durch 10 und erhalte 8.

6 Ich denke mir eine Zahl, multipliziere sie mit 10, addiere 22, teile durch 8 und erhalte 4.

7 Ich denke mir eine Zahl, multipliziere sie mit 7, addiere 11, ziehe 2 ab und erhalte 58.

8 Ich denke mir eine Zahl, verdopple sie, multipliziere mit 3, ziehe 6 ab und erhalte 60.

9 Ich denke mir eine Zahl, multipliziere sie mit 12, zähle 6 dazu, teile durch 3 und erhalte 10.

10 Ich denke mir eine Zahl, addiere 12, multipliziere mit 3, subtrahiere 20 und erhalte 25.

11 Ich denke mir eine Zahl, ziehe 2 ab, multipliziere mit 4, zähle 5 dazu und erhalte 21.

12 Ich denke mir eine Zahl, zähle 8 dazu, multipliziere mit 4, ziehe 15 ab und erhalte 65.

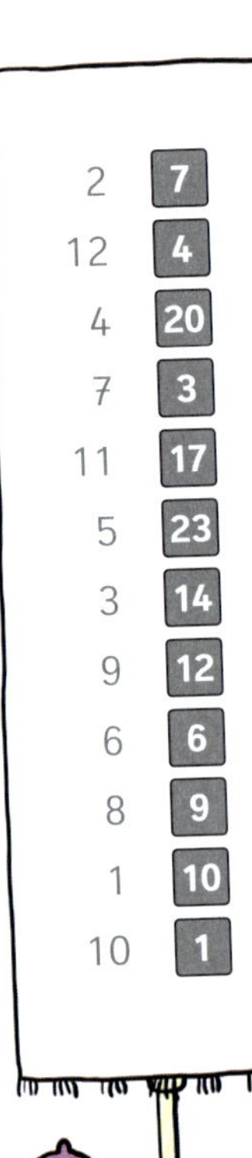

13 Ich denke mir eine Zahl, addiere 10, multipliziere mit 2, teile durch 5 und erhalte 10.

14 Ich denke mir eine Zahl, multipliziere mit 2, zähle 14 dazu, subtrahiere 3 und erhalte 47.

15 Ich denke mir eine Zahl, ziehe 4 ab, teile durch 9, addiere 14 und erhalte 16.

16 Ich denke mir eine Zahl, addiere 8, teile durch 5, zähle 70 dazu und erhalte 75.

17 Ich denke mir eine Zahl, multipliziere sie mit 5, ziehe 30 ab, teile durch 10 und erhalte 7.

18 Ich denke mir eine Zahl, verdopple sie, ziehe 2 ab, teile durch 8 und erhalte 3.

19 Ich denke mir eine Zahl, teile durch 3, addiere 49, teile durch 7 und erhalte 8.

20 Ich denke mir eine Zahl, teile sie durch 2, subtrahiere 3, multipliziere mit 15 und erhalte 60.

21 Ich denke mir eine Zahl, ziehe 4 ab, verdopple, teile durch 3 und erhalte 8.

22 Ich denke mir eine Zahl, ziehe 1 ab, teile durch 2, multipliziere mit 9 und erhalte 81.

23 Ich denke mir eine Zahl, teile sie durch 2, ziehe 4 ab, multipliziere mit 6 und erhalte 48.

24 Ich denke mir eine Zahl, verdopple sie, ziehe 13 ab, teile durch 3 und erhalte 11.

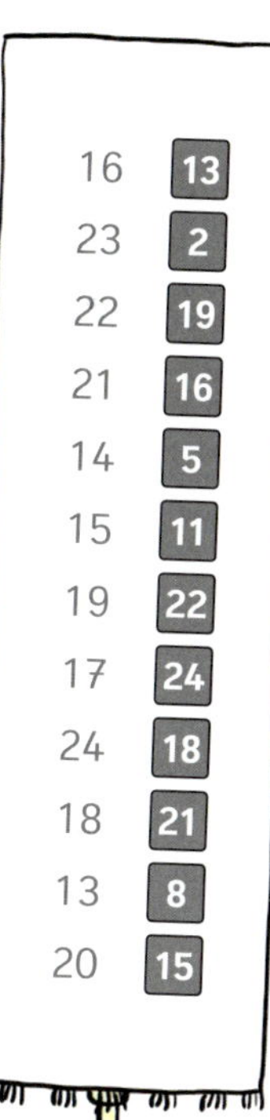

Rechnen mit Geld

100 Cent sind 1 €.
Die Umwandlungszahl
ist Hundert.

Wandle um:

1	______	→	1 234 Cent
2	15,50 €	→	______
3	______	→	9 995 Cent
4	0,68 €	→	______
5	______	→	5 Cent
6	152,03 €	→	______
7	______	→	50 Cent
8	1 500 €	→	______

68 Cent	24
15 203 Cent	20
150 000 Cent	17
1 550 Cent	19
99,95 €	10
0,05 €	3
12,34 €	23
0,50 €	13

Rechne aus.

9 990 € + 378 € = ...

10 21,32 € + 3,68 € = ...

11 56 € + 44 € = ...

12 113,46 € + 9,99 € = ...

13 10,00 € – 4,65 € = ...

14 21,32 € – 3,68 € = ...

15 1 090 € – 840 € = ...

16 512 € – 486 € = ...

26 €	12
25,00 €	4
250 €	21
123,45 €	14
17,64 €	7
5,35 €	11
100 €	18
1 368 €	9

17 5 · 2,50 € = ...

18 3 · 33 € = ...

19 0,75 € · 4 = ...

20 1,40 € · 8 = ...

21 144 € : 12 = ...

22 14,40 € : 12 = ...

23 4,80 € : 6 = ...

24 12,12 € : 3 = ...

11,20 €	5
12,50 €	1
12 €	15
0,80 €	6
99 €	22
1,20 €	8
3,00 €	2
4,04 €	16

Im Kassenbuch sind nicht alle Zahlen zu lesen.
Berechne und ergänze die Tabelle.

Stückpreis	Anzahl	zu zahlen	gegeben	Rückgeld
5 Cent	20 Stück	1,00 €	5 €	4 €
10 Cent	[1] Stück	0,70 €	2 €	1,30 €
10 Cent	3 Stück	0,30 €	[2] €	70 Cent
50 Cent	3 Stück	1,50 €	5 €	[3] €
50 Cent	[4] Stück	3,00 €	5 €	2,00 €
25 Cent	17 Stück	[5] €	5 €	75 Cent
25 Cent	15 Stück	3,75 €	[6] €	1,25 €
15 Cent	6 Stück	[7] €	2 €	1,10 €
15 Cent	15 Stück	2,25 €	4 €	[8] €
1,10 €	5 Stück	5,50 €	[9] €	4,50 €
1,10 €	[10] Stück	8,80 €	10 €	1,20 €
29 Cent	10 Stück	2,90 €	4 €	[11] €
29 Cent	12 Stück	[12] €	5 €	1,52 €
49 Cent	[13] Stück	0,98 €	1 €	2 Cent
49 Cent	4 Stück	[14] €	2,01 €	5 Cent
12 Cent	9 Stück	1,08 €	[15] €	3,95 €
12 Cent	11 Stück	1,32 €	2,02 €	[16] Cent
5 Cent	39 Stück	1,95 €	[17] €	3,10 €

0,90	18
8	16
3,48	17
10	21
7	19
5	24
4,25	15
5,03	9
3,50	22
2	8
5,05	5
1	23
1,75	14
70	7
1,96	12
1,10	13
6	20

Du möchtest passend zahlen.
Wie viele Münzen benötigst du mindestens dafür?

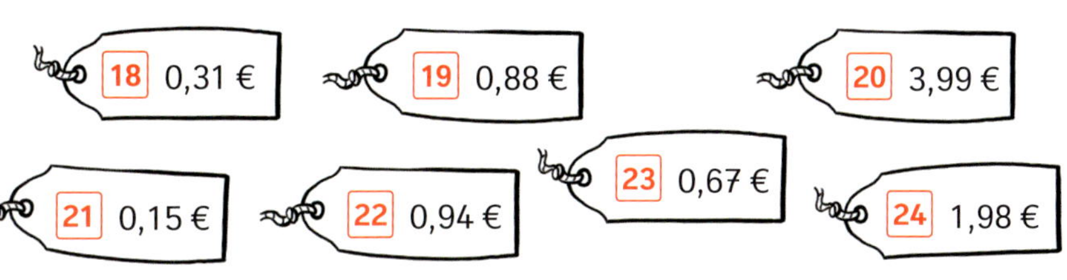

8	1
2	3
6	6
3	10
7	4
4	2
5	11

Maßangaben

Maßangaben:

Meter	=	m
Zentimeter	=	cm
Millimeter	=	mm
Tonne	=	t
Kilogramm	=	kg
Gramm	=	g
Liter	=	l
Milliliter	=	ml
Stunde	=	Std
Minute	=	min
Sekunde	=	sek
Grad	=	°

Welche Maße könnten ungefähr zu den Angaben passen?

1 Dauer eines Fußballspiels
2 Gewicht eines Zebras
3 Kochzeit für ein weiches Ei
4 Rekord beim 100 – Meter - Lauf
5 Gewicht eines Zuckerwürfels
6 Inhalt eines Bechers Sahne
7 Kochzeit für Nudeln
8 Sitzhöhe eine Stuhles für Erwachsene
9 Inhalt einer Tüte Milch
10 Offizielle Höhe eine Fußballtores
11 Länge der Sommerferien
12 Gewicht eines Nashorns

1 l	1
6 Wochen	18
50 cm	17
10 min	10
200 ml	4
90 min	5
2 t	9
400 kg	3
5 min	2
10 sek	6
3 g	13
2,44 m	14

Kann das stimmen?

		☺	☹
13	Ein Stück Butter wiegt 250 g.	11	7
14	Die Erde ist 385 000 km vom Mond entfernt.	16	8
15	Eine Zimmertür ist 2 m hoch.	7	21
16	Ein Hühnerei wiegt 600 g.	22	12
17	In Ortschaften darf man Tempo 100 fahren.	23	21
18	Ein Straußenei wiegt 1,5 kg.	8	19
19	Der Durchmesser eines Tennisballs beträgt 10 mm.	15	22
20	Jeder soll täglich 1,5 l Wasser oder Tee trinken.	23	16
21	Deine normale Körpertemperatur beträgt 36 – 37 °.	19	20
22	Kleine Kartoffeln kocht man 1 Std lang.	11	15
23	Eine Unterrichtsstunde dauert 45 min.	24	12
24	Eine Flasche Limo enthält 500 g Zucker.	7	20

Rechnen mit Längen

Die Umwandlungszahl bei Längen ist 10.
Nur zwischen km und m sind es 1 000.

1 km = 1000 m
1 m = 10 dm = 100 cm = 1000 mm
1 dm = 10 cm = 100 mm
1 cm = 10 mm

Setze richtig ein.

1	10 000 m sind ___ km.	164	23
2	2, 3 km sind ___ m.	30	17
3	1,64 m sind ___ cm.	2 300	20
4	297 mm sind ___ cm.	210	13
5	300 mm sind ___ cm.	29,7	21
6	15 cm sind ___ dm.	1,5	19
7	21 cm sind ___ mm.	530	15
8	5,3 dm sind ___ mm.	10	22

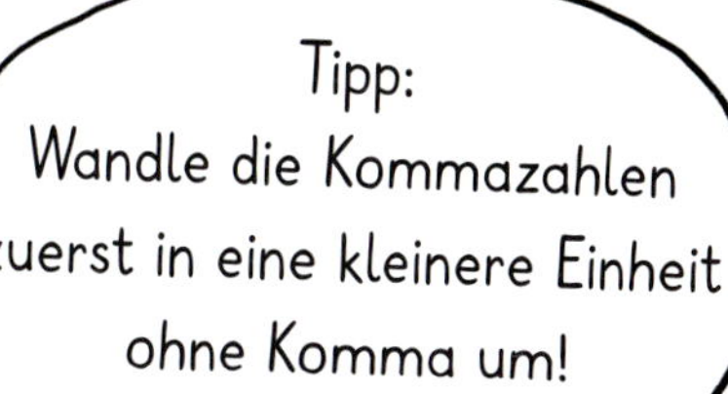

Tipp:
Wandle die Kommazahlen zuerst in eine kleinere Einheit ohne Komma um!

Rechne aus.

9	250 m + 52 m = ...	302 km	11
10	33 cm – 11cm = ...	5,9 m	16
11	2,2 m + 3,7 m = ...	10 dm	10
12	55 cm + 4,9 cm = ...	30,5 km	7
13	100 dm – 78 dm = ...	22 cm	18
14	40 km – 9,5 km = ...	59,9 cm	14
15	227 km + 75 km = ...	302 m	24
16	4,5 dm + 5,5 dm = ...	22 dm	9

17	1,2 km · 10 = ...	7 cm	6
18	1,4 cm · 7 = ...	12 cm	3
19	2,5 m · 6 = ...	7 m	5
20	4,57 dm · 2 = ...	9,14 dm	4
21	35 cm : 5 = ...	9 dm	8
22	72 dm : 8 = ...	15 m	1
23	144 cm : 12 = ...	12 km	2
24	56 m : 8 = ...	9,8 cm	12

Wie lang oder wie breit sind die Gegenstände in Wirklichkeit?

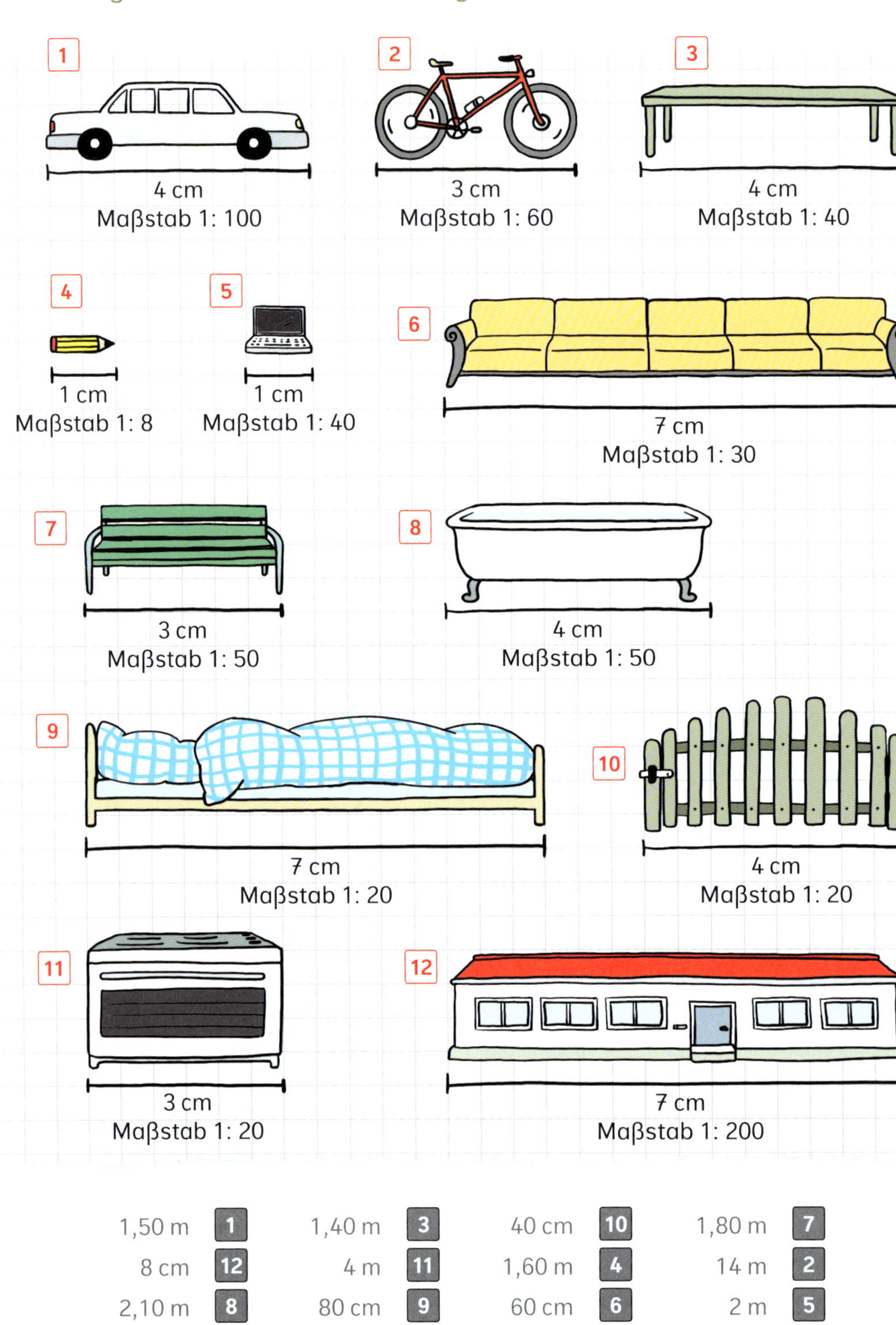

1,50 m	1	1,40 m	3	40 cm	10	1,80 m	7
8 cm	12	4 m	11	1,60 m	4	14 m	2
2,10 m	8	80 cm	9	60 cm	6	2 m	5

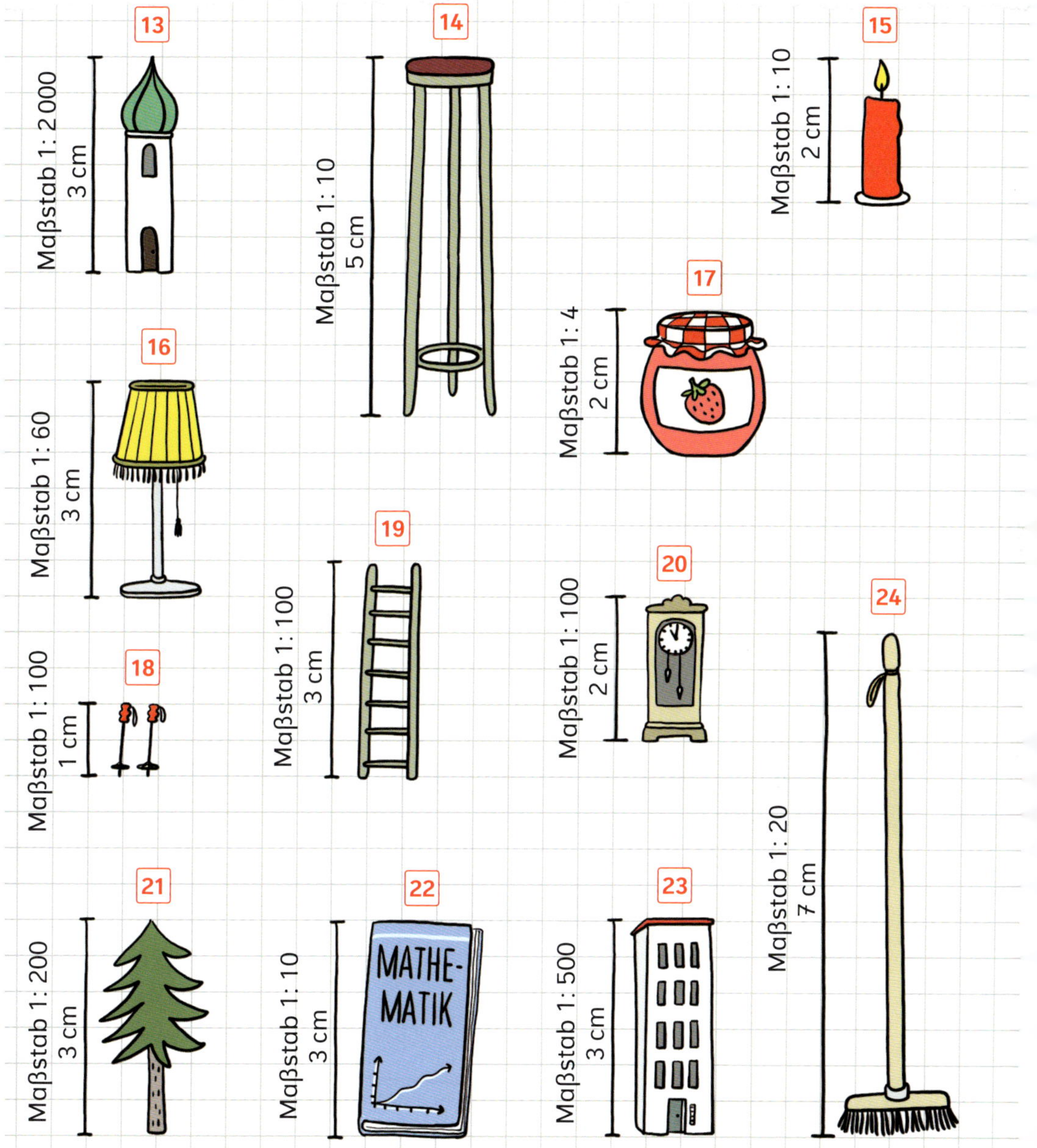

13 Maßstab 1: 2 000, 3 cm

14 Maßstab 1: 10, 5 cm

15 Maßstab 1: 10, 2 cm

16 Maßstab 1: 60, 3 cm

17 Maßstab 1: 4, 2 cm

18 Maßstab 1: 100, 1 cm

19 Maßstab 1: 100, 3 cm

20 Maßstab 1: 100, 2 cm

21 Maßstab 1: 200, 3 cm

22 Maßstab 1: 10, 3 cm

MATHE-
MATIK

23 Maßstab 1: 500, 3 cm

24 Maßstab 1: 20, 7 cm

1,40 m	22	60 m	23	3 m	14	1,80 m	24
30 cm	20	2 m	17	1 m	15	15 m	18
8 cm	13	50 cm	19	20 cm	16	6 m	21

Rechnen mit Gewichten

Die Umwandlungszahl bei Gewichten ist 1 000.

1 t = 1000 kg

1 kg = 1000 g

Setze richtig ein.

1 17 kg sind ___ g.

2 1,700 t sind ___ kg.

3 5000 g sind ___ kg.

4 2500 g sind ___ kg.

5 16 t 340 kg sind ___ kg.

6 85000 kg sind ___ t.

7 163 kg sind ___ g.

8 5 kg 50 g sind ___ g.

2,5 20
1 700 23
5 050 1
5 22
16 340 16
17 000 7
163 000 17
85 12

Berechne.

9 12 kg 30 g + 400 g

10 2 kg 250 g + 2 kg 750 g

11 3 t 456 kg + 666 kg

12 3 t 850 kg + 2 t 250 kg

13 10 kg – 1 kg 670 g

14 15 kg 300 g – 5 kg 450 g

15 4 t 899 kg – 687 kg

16 10 t 600 kg – 1 t 515 kg

9 t 85 kg 8
9 kg 850 g 11
4 t 122 kg 14
4 t 212 kg 10
5 kg 15
12 kg 430 g 21
8 kg 330 g 19
6 t 100 kg 6

Berechne.

17 2 kg · 5

18 2,5 kg · 5

19 87,540 t · 10

20 24 kg 550 g · 2

21 24 t : 3

22 2 t 400 kg : 3

23 77 kg 770 g : 11

24 72 kg 400 g : 8

49 kg 100 g 13
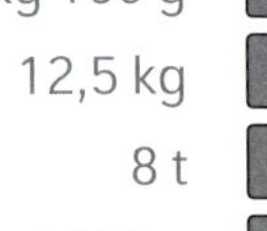
12,5 kg 9
8 t 3
800 kg 24
9 kg 50 g 4
10 kg 5
7 kg 70 g 2
875,400 t 18

Rechnen mit Zeiten

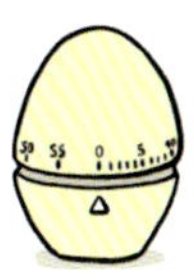

Die Umwandlungszahl bei Stunden, Minuten und Sekunden ist 60.

1 Tag = 24 Stunden
1 Stunde = 60 Minuten = 3600 Sekunden
1 Minute = 60 Sekunden

Wandle um.

1	2 Tage	in	Stunden.
2	5 Stunden	in	Minuten.
3	120 Sekunden	in	Minuten.
4	4 Minuten	in	Sekunden.
5	120 Stunden	in	Tage.
6	3 Tage	in	Stunden.
7	360 Minuten	in	Stunden.
8	168 Stunden	in	Tage.

5	5	48	9
300	13	7	4
240	10	2	18
6	1	72	8

Berechne.

9 2 Tage + 5 Stunden
10 5 Tage – 12 Stunden
11 4 Minuten + 26 Sekunden
12 6 Stunden – 25 Minuten
13 2 · 1 Minute und 60 Sekunden
14 120 Stunden : 5
15 4 · 45 Minuten
16 4 Stunden : 8

53 Stunden	11
30 Minuten	21
24 Stunden = 1 Tag	19
266 Sekunden	3
108 Stunden	6
335 Minuten	2
3 Minuten	22
3 Stunden	23

Annas Zug fährt um 6:45 Uhr in Münster ab und kommt um 13:30 Uhr in München an. Anna ist 6 Stunden und 45 Minuten unterwegs.

Wie lang ist die Zeitspanne in Minuten?

	von	bis		von	bis
17	8:15	8:55	21	10:15	11:10
18	10:08	10:25	22	15:36	16:46
19	12:12	12:48	23	7:36	8:15
20	20:05	20:32	24	12:20	14:30

55 Minuten	17	17 Minuten	24
27 Minuten	15	130 Minuten	12
40 Minuten	7	70 Minuten	20
39 Minuten	16	36 Minuten	14

Der Sponsorenlauf

Die Klasse 5 c veranstaltet einen Sponsorenlauf, sie wollen Geld für die Kinderkrebshilfe sammeln. Ben, Emma, und Hannah haben in der Familie und Nachbarschaft Zusagen gesammelt. Ihre Nachbarn sind bereit, 50 Cent bis 1,50 Euro pro gelaufene Runde zu bezahlen. Auch Jonas, Lukas und Mia waren unterwegs. Allerdings haben sie nach einer Spende pro Kilometer gefragt.

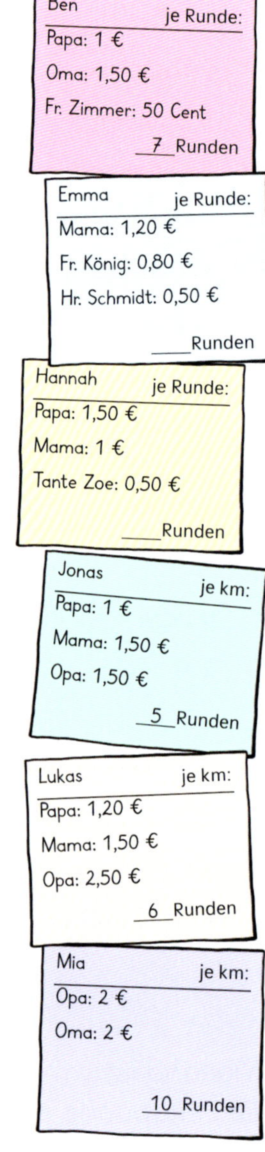

Wie viele km sind **1** Jonas, **2** Lukas und **3** Mia gelaufen?

4 Emma ist 3,200 km gelaufen. Wie viele Runden hat sie geschafft?

5 Wie viel Geld bekommt Emma pro Runde?

6 Wie viel Geld bekommt Ben von Fr. Zimmer?

Ben wollte 4 km laufen –. wie viele **7** km bzw. **8** Runden fehlen ihm noch?

9 Hannah hat 16,50 € von Ihrem Papa erhalten. Wie viele Runden musste sie dafür laufen?

10 Wie viel Geld konnte Jonas sammeln?

11 Welchen Betrag sammelt Lukas pro km ein?

12 Wie viel konnte Mia insgesamt beisteuern?

Die Kinderkrebshilfe hat sich sehr über die Spende gefreut und die Schülerzeitung hat eine ganze Seite über die Aktion geschrieben!

3,50 €	7	8 €	3	8	11	16 €	1 
2,50 €	4 	2,400 km	8 	3	6	4 km	9
5,20 €	5	1,2 km	2	11	10	2 km	12

Unverpackt Einkaufen

	Preis	je	Menge	EUR
Mehl	3,00 €	kg	0,250	
Zucker	5,00 €	kg	0,200	
Butter	9,90 €	kg	0,100	
Haselnusskerne	30,00 €	kg	0,050	
Schokoraspel	10,40 €	kg	0,100	
Kuvertüre (Drops)	15,45 €	kg	0,100	1,55
Zuckerstreusel	5,28 €	Dose	1	4,78
Milch	1,20 €	1 l	0,250	0,30
Ei, M (=60g)	0,50 €	Stück	4	2,00
Backpulver	0,90 €	100 g	0,010	0,09
Summe				14,00

250 g Mehl
10 g Backpulver
200 g Zucker
100 g Butter
250 ml Milch
4 Eier
50 g Haselnüsse oder Mandeln
100 g Schokoraspeln
100 g Kuvertüre
1 Dose Zuckerstreusel

Heute im Angebot (Preis je 100 g)	
Mehl	0,30 €
Zucker	0,50 €
Butter	0,99 €
Haselnüsse	3,00 €
Mandeln	4,00 €
Schokoraspel	1,04 €
Gummibächen	1,00 €

Du kannst auch in Gramm rechnen! 1 kg = 1000 g

Lina geht mit ihren 3 besten Freundinnen einkaufen, sie wollen einen Kuchen backen. Linas Mama hat ihnen 15 Euro und je eine Tasche mit leeren Dosen mitgegeben und sie in den „Unverpackt"- Laden um die Ecke geschickt. Was haben die Mädchen für **1** Mehl, **2** Zucker, **3** Butter, **4** Schokoraspel und **5** Haselnusskerne bezahlt? **6** Wie viel teurer wäre der Kuchen geworden, wenn Lina Mandeln statt der Haselnüsse genommen hätte?
Im normalen Supermarkt wären die Waren in festen Packungsgrößen gewesen. Wie viel hätten die Mädchen übrig gehabt von **7** einer Packung Mehl à 1 kg, **8** Zucker à 500 g und **9** Butter à 250 g? **10** Lina und ihre Freundinnen teilen sich das Gepäck auf. In Linas Tasche sind Mehl, Butter und Zucker? Wie viel wiegen diese Waren zusammen? Die Mädchen wollen vom Restgeld Gummibärchen holen. Wie viel erhalten sie **11** insgesamt und **12** pro Person?

750 g	1	150 g	9	100 g	6	50 Cent	7
1 €	8	0,75 €	12	1,04 €	11	0,99 €	10
1,50 €	3	25 g	2	550 g	4	300 g	5

Wie viele Geburtstage werden pro Monat gefeiert?

Marie hat 80 Kinder ihrer Jahrgangsstufe befragt, in welchem Monat sie geboren sind. Sie hat alle Antworten in einer Urliste notiert:

Jul	Aug	Okt	Sep	Jun	Mai	Okt	Feb	Jul	Jan
Mär	Apr	Aug	Nov	Dez	Sep	Feb	Nov	Jul	Okt
Jan	Sep	Jan	Dez	Okt	Jul	Jun	Dez	Mär	Feb
Sep	Jun	Jul	Mai	Jun	Apr	Mai	Aug	Mai	Aug

Lukas hat eine Strichliste dazu erstellt. Welche Mengen fehlen wo?

Januar	𝍸 |
Februar	1
März	𝍸
April	𝍸 |
Mai	2
Juni	𝍸 |||
Juli	3
August	4
September	𝍸 ||||
Oktober	𝍸 |||
November	5
Dezember	6

Juli	8
𝍸 ||||	3
Dezember	21
𝍸 ||	14
April	18
||||	1
𝍸	12
Oktober	23
|||	16
Februar	10
𝍸 𝍸	5
Mai	19

7 In welchem Monat haben die meisten Kinder Geburtstag?

8 In welchem Monat sind die wenigsten Kinder geboren?

9 In welchem Monat feiern ebensoviele Kinder wie im Januar?

10 In welchem Monat feiern ebensoviele Kinder wie im Juni?

11 Welcher Monat hat die zweitniedrigste Geburtenrate?

12 In welchem Monat werden 7 Geburtstage gefeiert?

Tim hat die Häufigkeitstabelle geschrieben. Ergänze die fehlenden Angaben.

Monat	Häufigkeit der Geburtstage
Januar	13
Februar	3
März	14
April	6
Mai	7
Juni	15
Juli	16
August	9
September	17
Oktober	8
November	5
Dezember	18

In Leas Diagramm fehlen noch Säulen. Welche sind es?

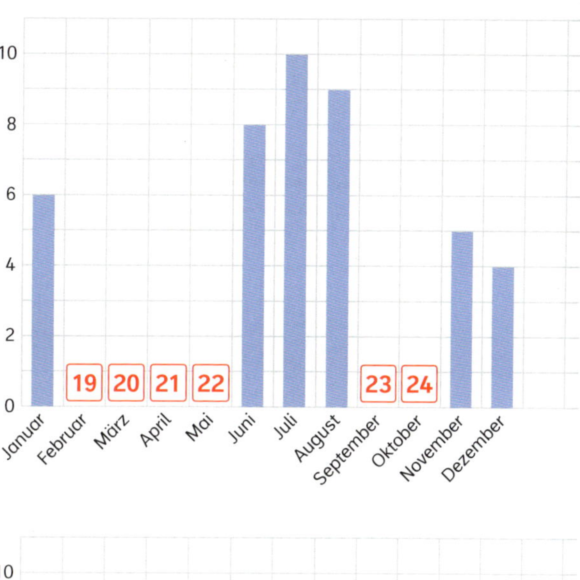

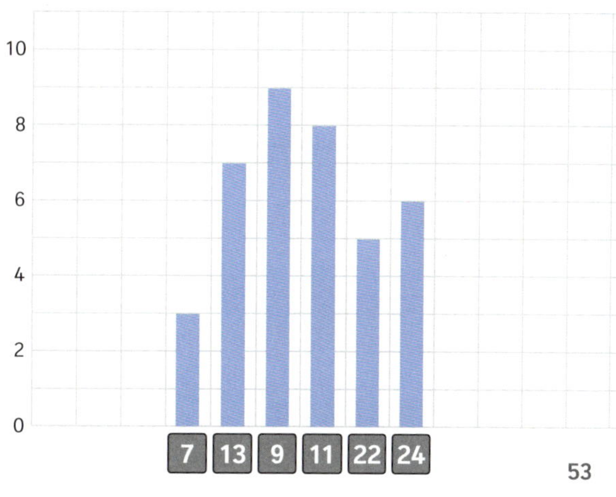

Würfelbilder

Wie viele kleine Würfel sind verbaut?

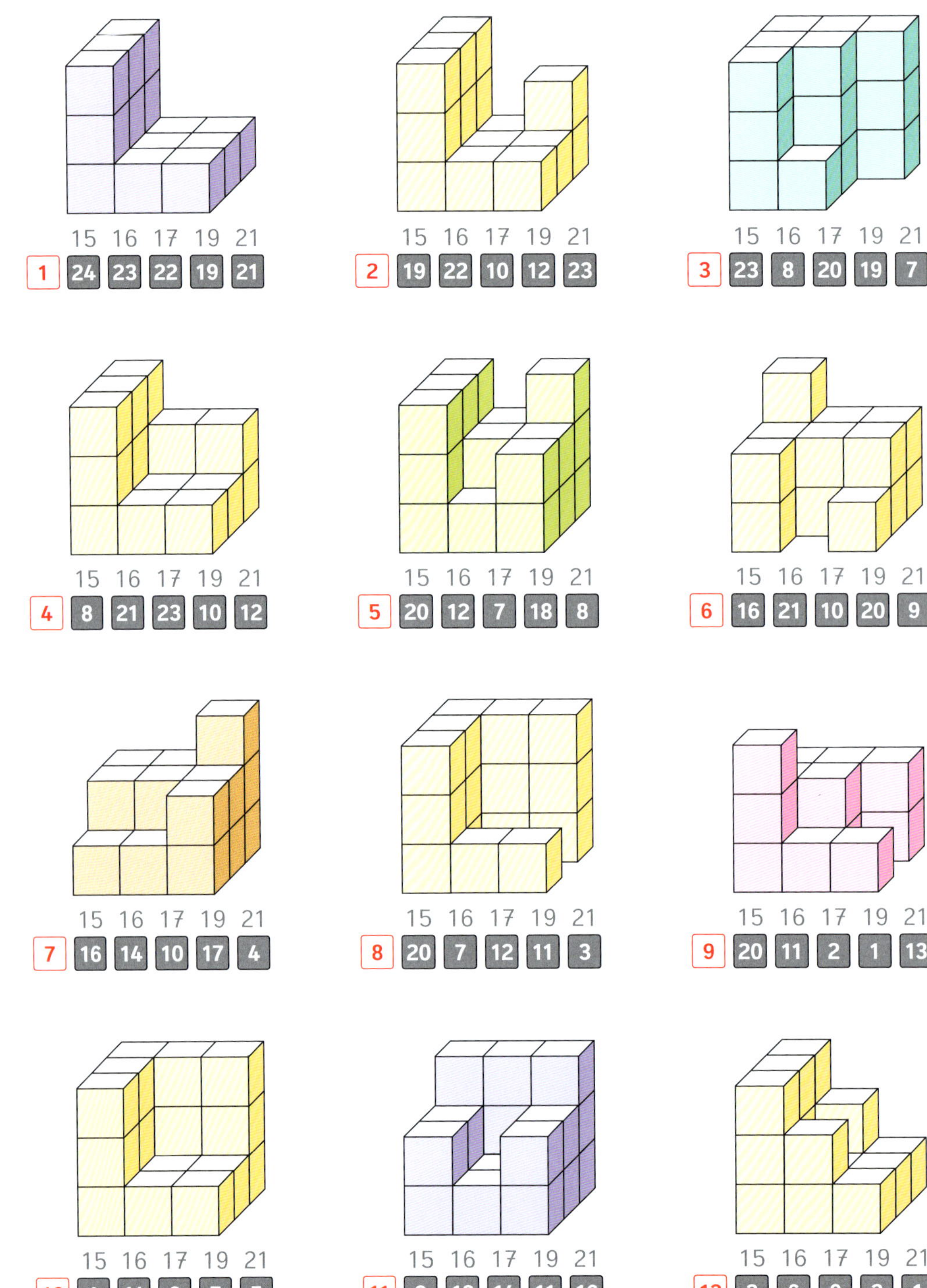

Wie viele kleine Würfel fehlen für einen kompletten großen Würfel?

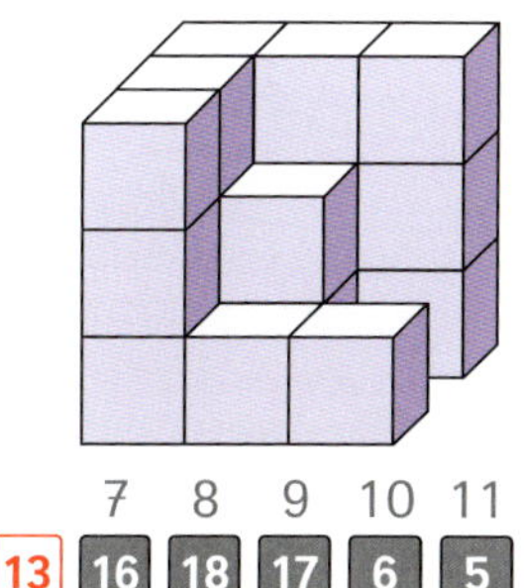

	7	8	9	10	11
13	16	18	17	6	5

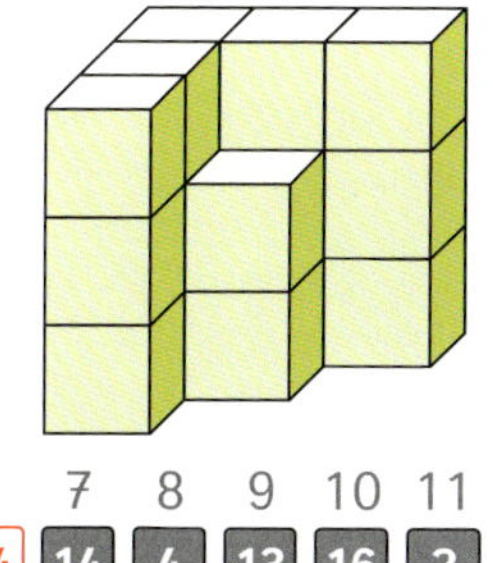

	7	8	9	10	11
14	14	4	13	16	2

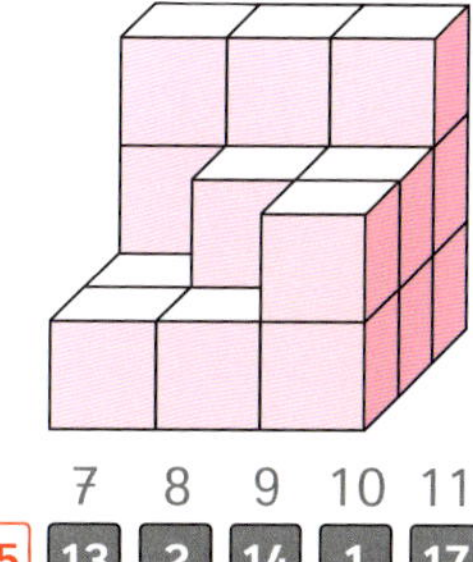

	7	8	9	10	11
15	13	2	14	1	17

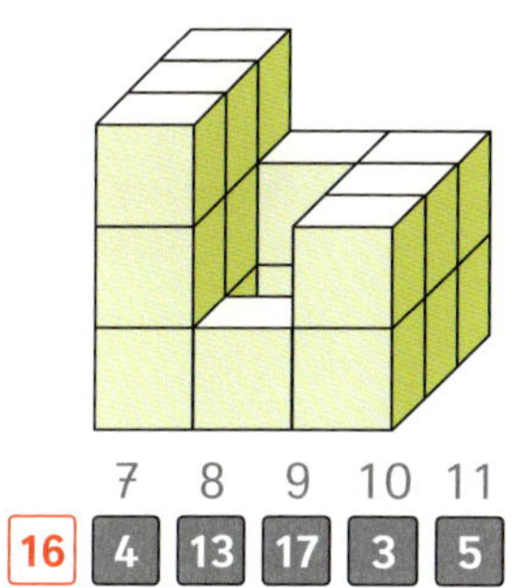

	7	8	9	10	11
16	4	13	17	3	5

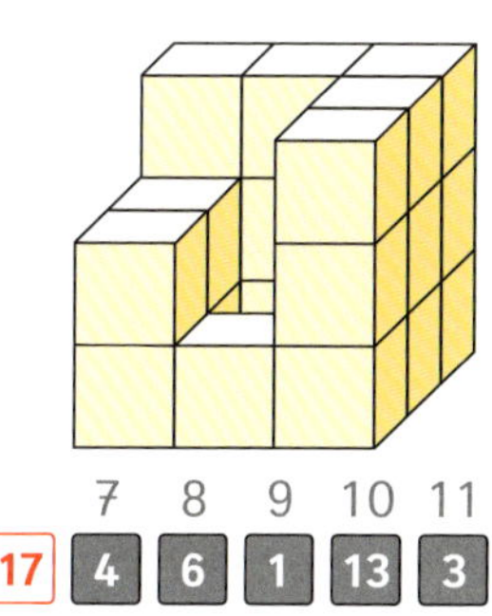

	7	8	9	10	11
17	4	6	1	13	3

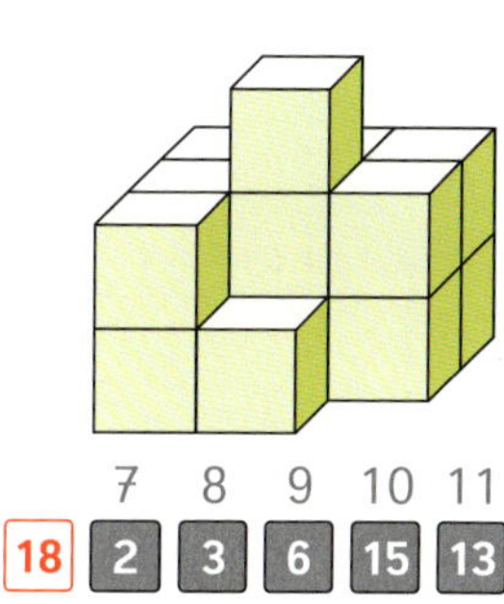

	7	8	9	10	11
18	2	3	6	15	13

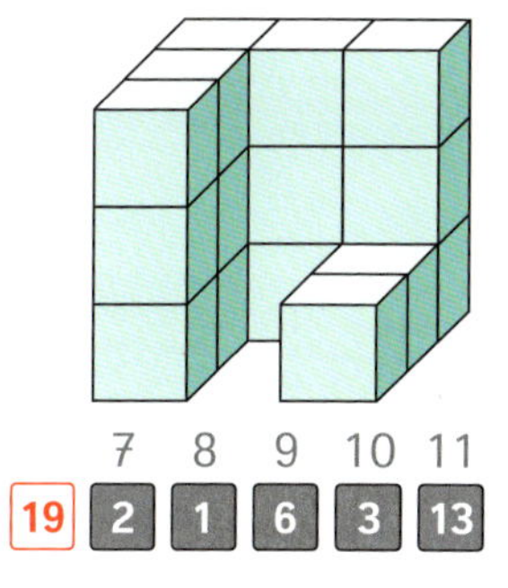

	7	8	9	10	11
19	2	1	6	3	13

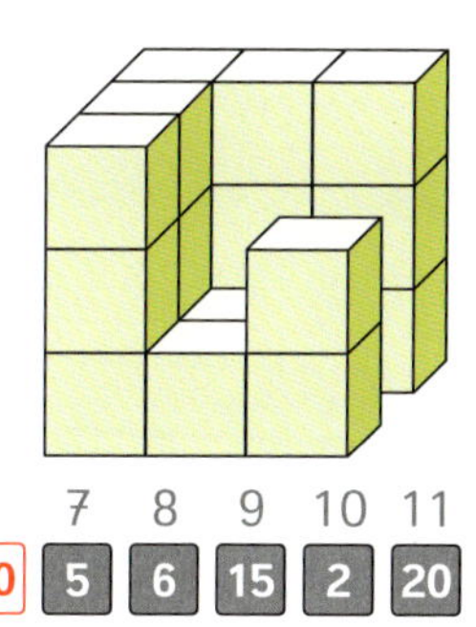

	7	8	9	10	11
20	5	6	15	2	20

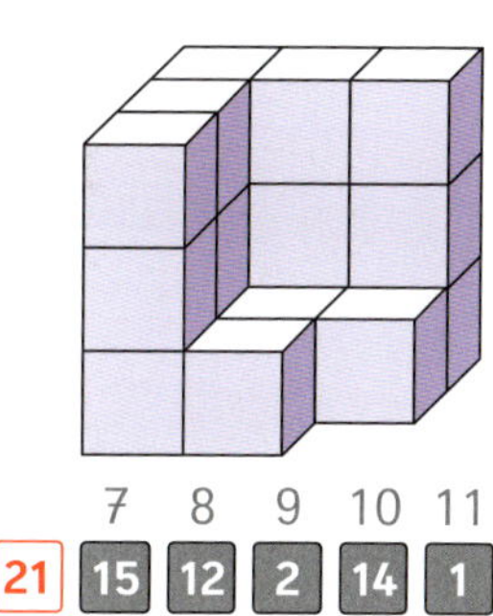

	7	8	9	10	11
21	15	12	2	14	1

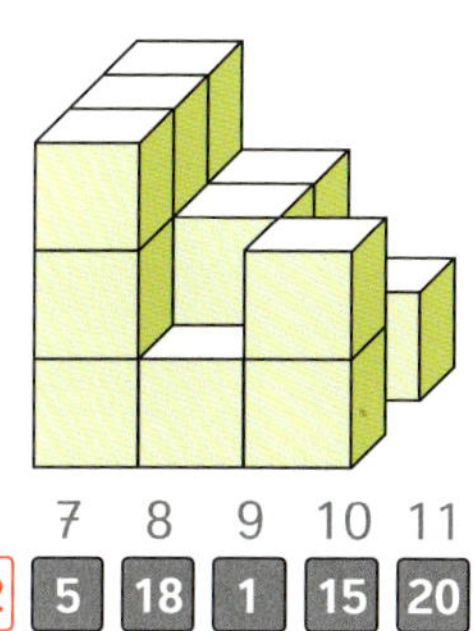

	7	8	9	10	11
22	5	18	1	15	20

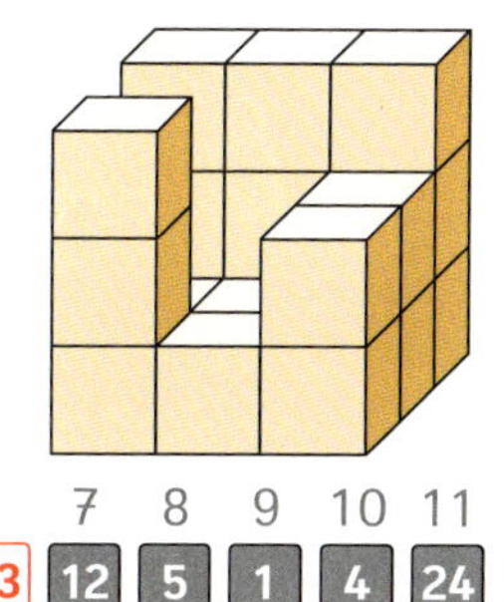

	7	8	9	10	11
23	12	5	1	4	24

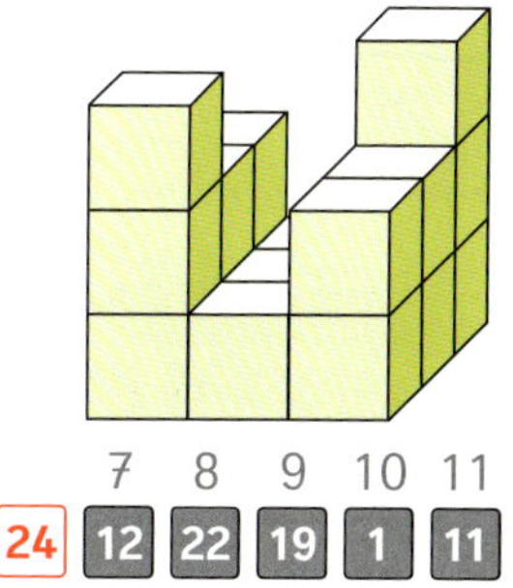

	7	8	9	10	11
24	12	22	19	1	11

Flächen und Winkel

Wie heißen die Flächen und Winkel? Ordne zu.

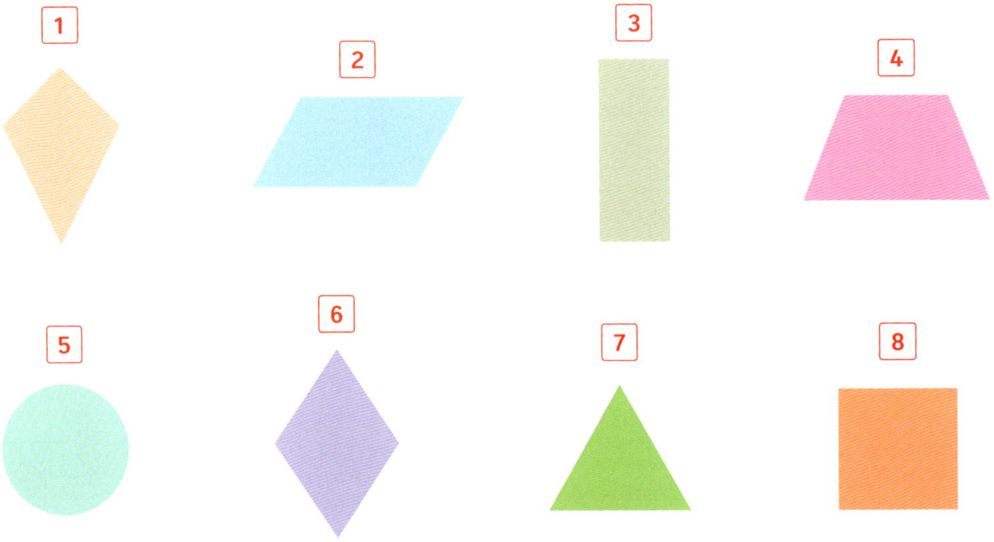

1 2 3 4

5 6 7 8

Quadrat 23
Rechteck 14

Dreieck 21
Raute 16

Drachen 17
Kreis 19

Parallelogramm 15
Trapez 18

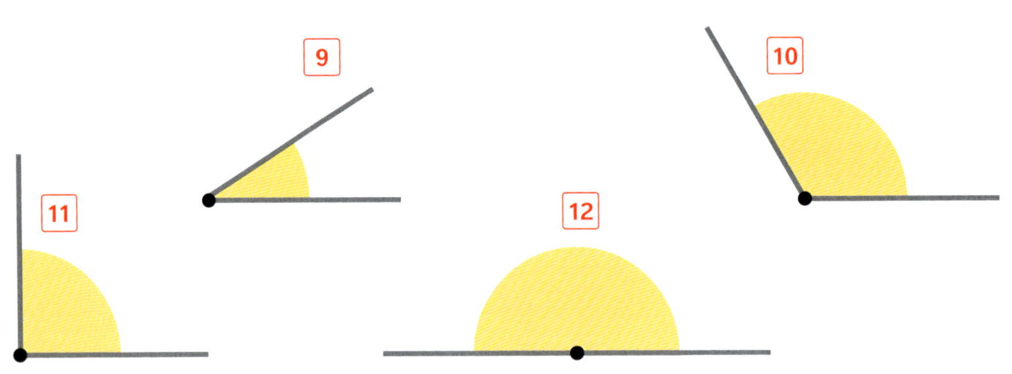

spitzer Winkel 13
stumpfer Winkel 20

rechter Winkel 24
gestreckter Winkel 22

Wer bin ich?

Kugel

Kegel

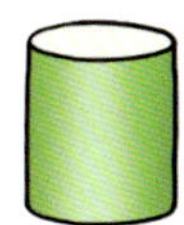
Zylinder

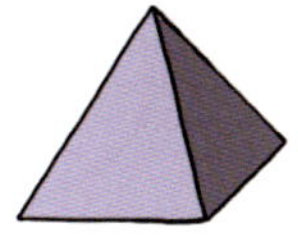
Pyramide

Halbkugel

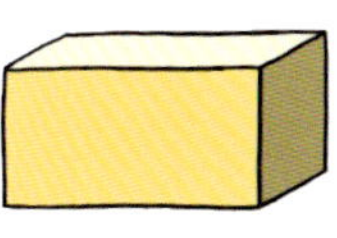
Quader

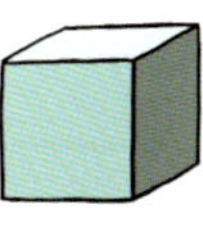
Würfel

Ei

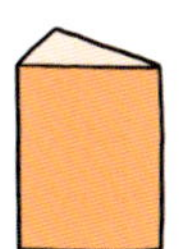
Dreiecksprisma

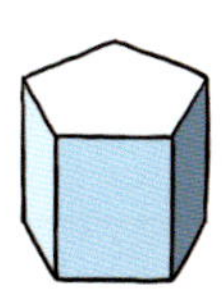
Ich bin auch ein Prisma.

13 Ich habe eine Spitze, eine Kante und zwei Flächen.

14 Ich habe zwölf gleichlange Kanten und sechs gleichgroße Flächen.

15 Ich habe zwei Kanten und drei Flächen

16 Ich habe acht Ecken, vier rechteckige und zwei quadratische Flächen.

17 Ich habe keine Ecken und keine Kanten, nur eine Fläche.

18 Ich habe zwei dreieckige und drei rechteckige Flächen.

Kugel	9
Quader	6
Kegel	5
Prisma	2
Würfel	3
Zylinder	1

19 Ich habe eine Spitze, vier dreieckige und eine quadratische Fläche.

20 Ich habe zehn Ecken und sieben Flächen.

21 Meine Fläche ist gekrümmt. Auf einer Seite bin ich dicker als auf der anderen.

22 Meine Fläche ist gekrümmt. Ich habe eine gleichmäßige Form.

23 Ich habe eine gekrümmte Fläche, eine kreisförmige Grundfläche und eine Kante.

24 Ich habe zwei runde Grundflächen. Ich kann rollen und kippen.

Halbkugel	12
Kugel	4
Pyramide	10
Zylinder	8
Ei	7
Prisma	11

Umfang und Fläche berechnen

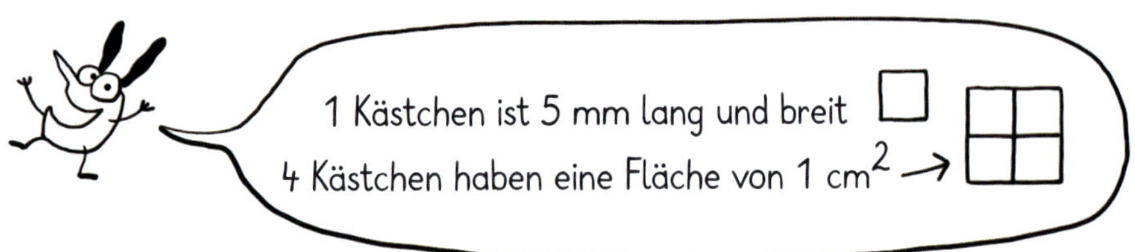

Berechne zu jeder Figur den Umfang und die Fläche.

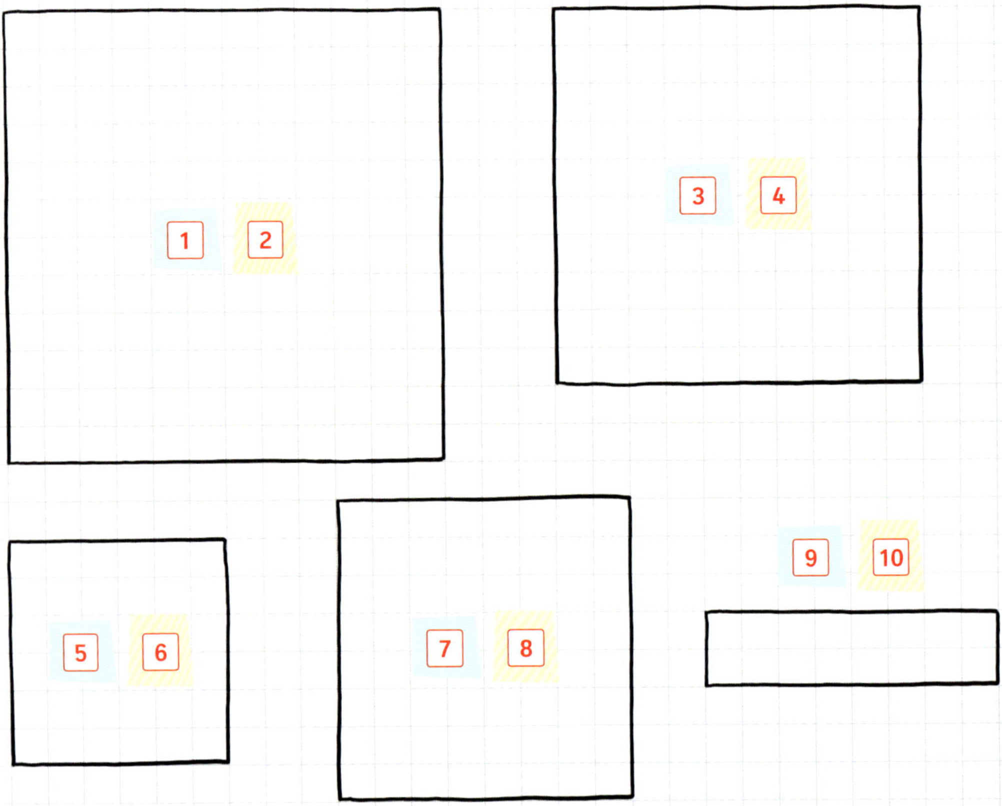

1 2

3 4

5 6

7 8

9 10

11 12

Umfang	
10 cm	8
14 cm	21
12 cm	1
16 cm	5
18 cm	4
20 cm	7
24 cm	10
19 cm	19

Fläche	
12 cm²	22
9 cm²	11
4 cm²	2
16 cm²	3
10 cm²	23
20 cm²	6
25 cm²	9
36 cm²	12

Kannst du auch von diesen Figuren Umfang und Fläche bestimmen?

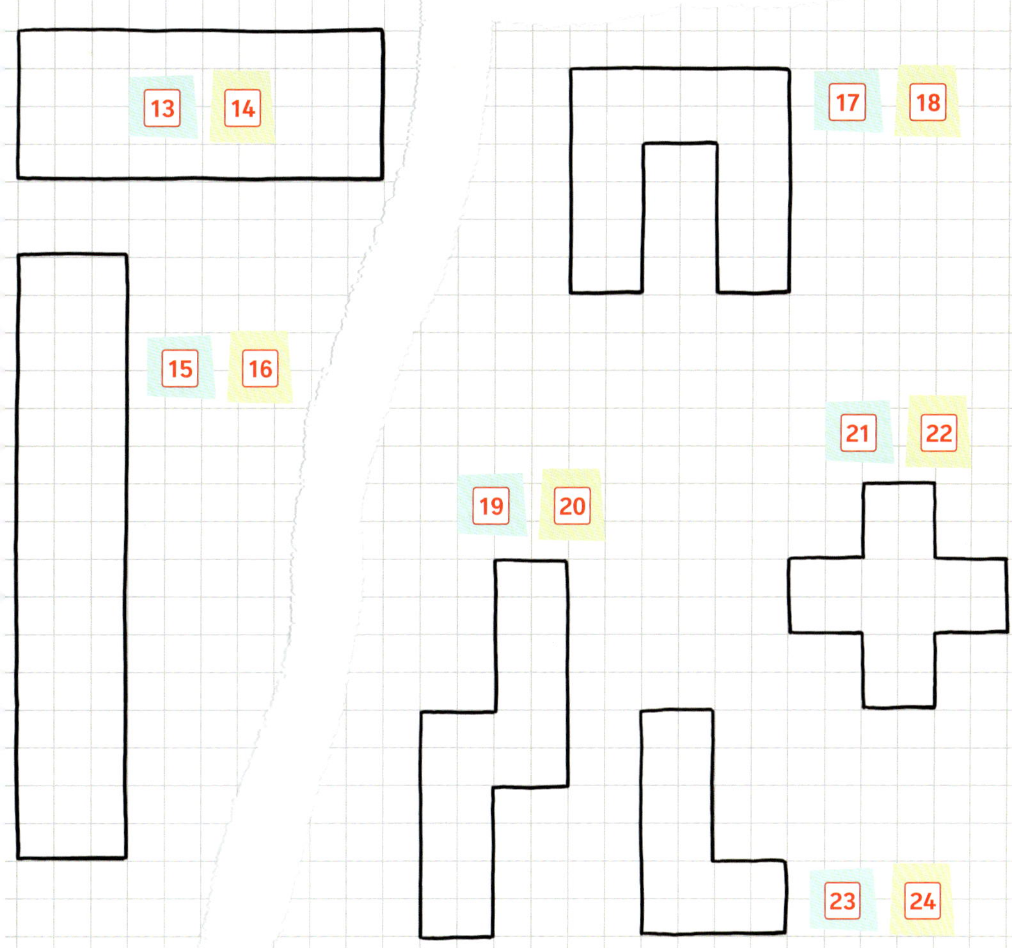

13 14

15 16

17 18

19 20

21 22

23 24

14 cm	17
10 cm	15
12 cm	14
16 cm	18

7 cm^2	20
4 cm^2	13
6 cm^2	16
5 cm^2	24

Brüche

Die Zahl unter dem Bruchstrich gibt an, in wie viele Teile ein Ganzes zerlegt wurde. Sie heißt Nenner. → $\frac{1}{2}$

Welcher Teil der Fläche ist gelb eingefärbt?

1 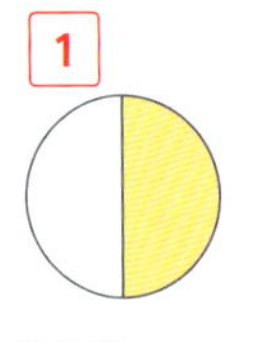
2 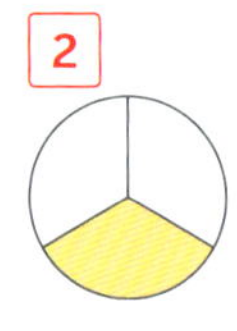
3 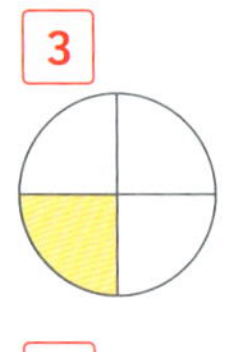
4 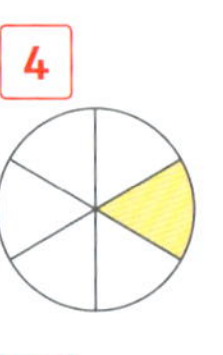

5 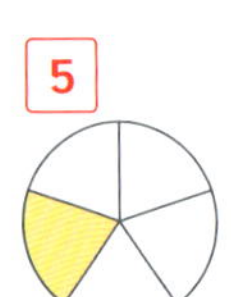
6 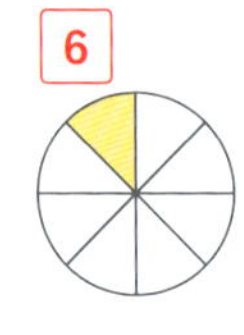
7 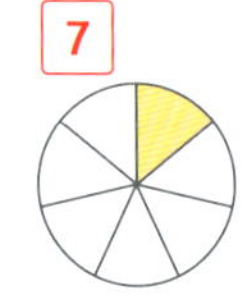
8 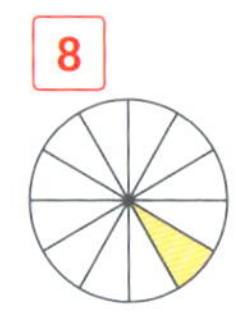

$\frac{1}{5}$	$\frac{1}{3}$	$\frac{1}{12}$	$\frac{1}{6}$
6	16	2	13

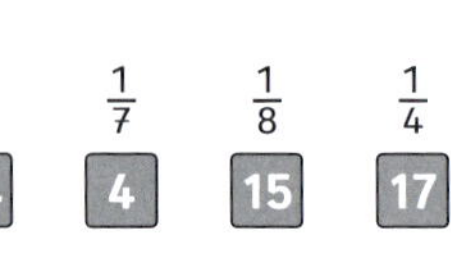

$\frac{1}{2}$	$\frac{1}{7}$	$\frac{1}{8}$	$\frac{1}{4}$
14	4	15	17

Welcher Teil der Fläche ist blau eingefärbt?

9 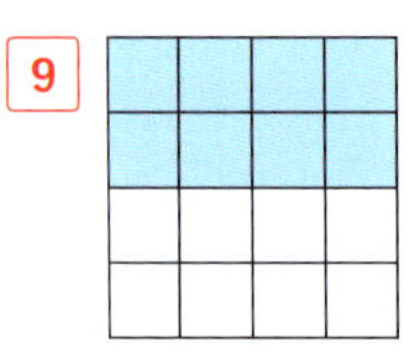
10 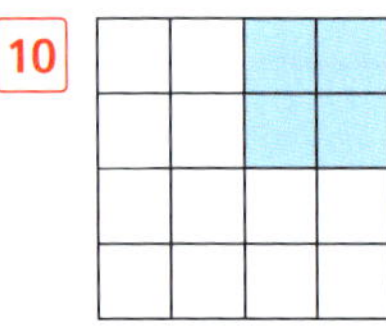
11 

12 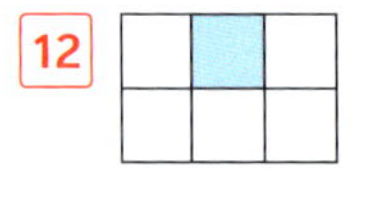
13 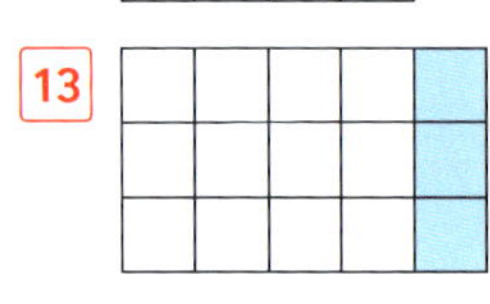
14 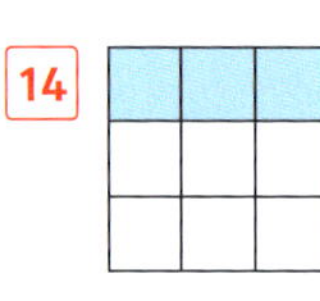

15 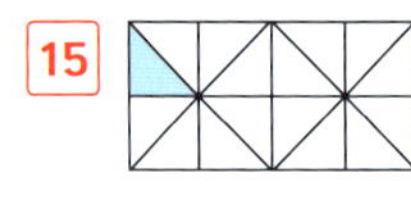
16 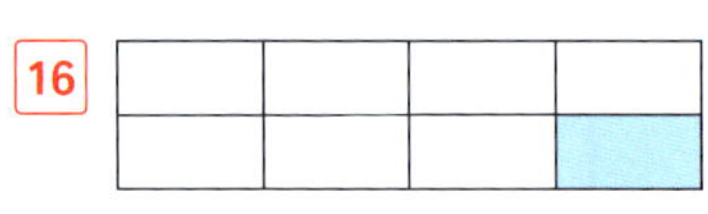

$\frac{1}{5}$	$\frac{1}{3}$	$\frac{1}{16}$	$\frac{1}{6}$
20	22	24	3

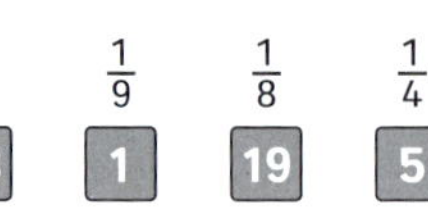

$\frac{1}{2}$	$\frac{1}{9}$	$\frac{1}{8}$	$\frac{1}{4}$
18	1	19	5

Welche Abbildung stellt mit ihrer schwarzen Fläche diesen Bruchteil dar?

17	18	19	20
$\frac{1}{4}$	$\frac{1}{3}$	$\frac{1}{2}$	$\frac{1}{9}$

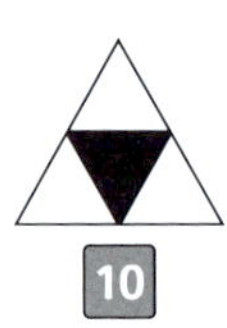
10

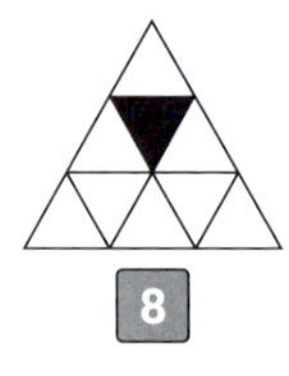
8

9

23

Welche Abbildung passt mit ihren Längen zu diesen Brüchen?

21	22	23	24
$\frac{1}{10}$	$\frac{1}{3}$	$\frac{1}{7}$	$\frac{1}{5}$

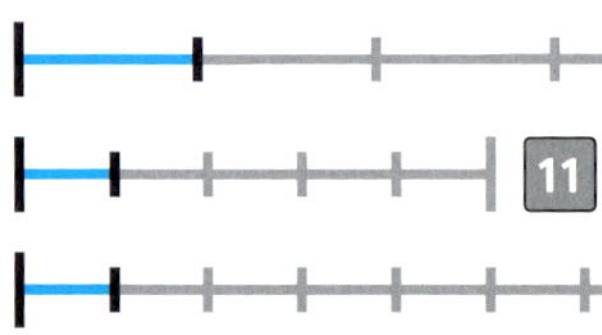
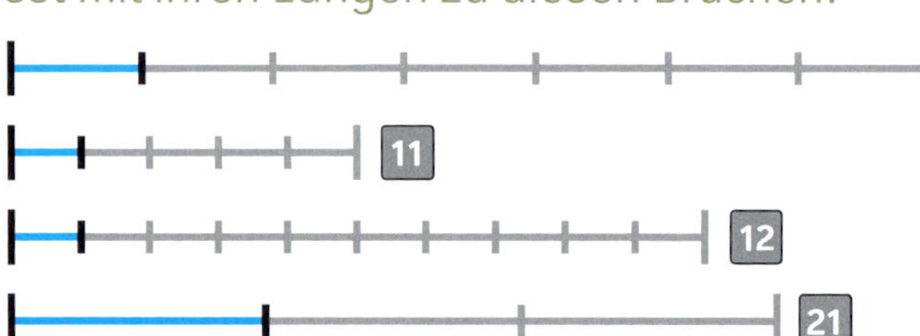

Bruchteile zusammenfassen

Finde die Brüche zu den Abbildungen.

Die Zahl über dem Bruchstrich gibt die Anzahl der Bruchteile an und ist der Zähler.
Bruchstrich
Nenner
$\frac{1}{2}$

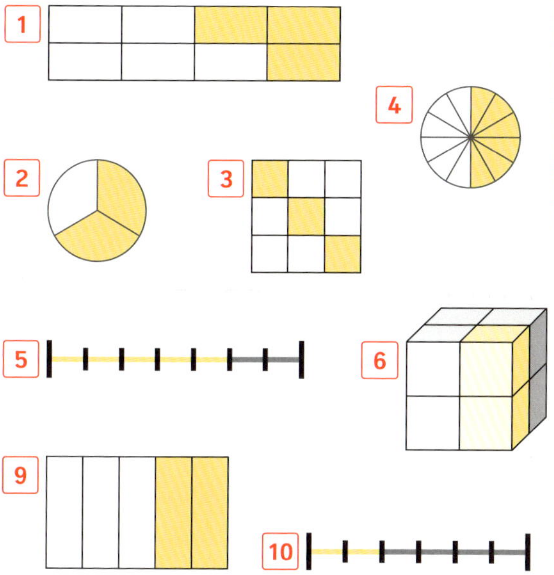

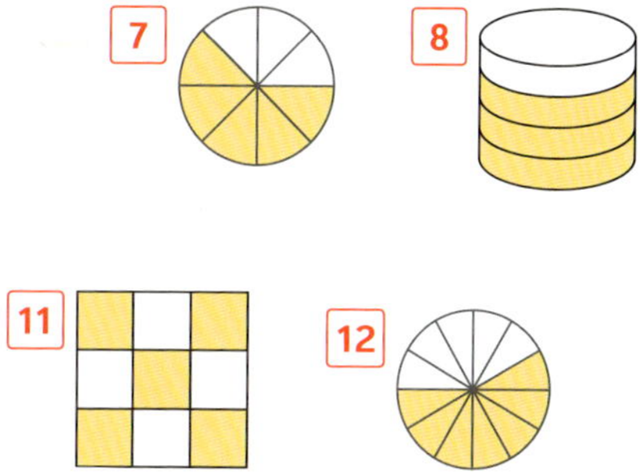

1 2 3 4 5 6 7 8 9 10 11 12

$\frac{2}{8}$	$\frac{5}{9}$	$\frac{6}{12}$	$\frac{3}{4}$	$\frac{7}{12}$	$\frac{2}{3}$	$\frac{3}{8}$	$\frac{3}{9}$	$\frac{5}{8}$	$\frac{2}{6}$	$\frac{2}{5}$	$\frac{5}{7}$
19	12	23	17	14	20	24	21	7	16	22	15

Welche Abbildungen stellen diese Brüche dar?

13	14	15	16	17	18	19	20	21	22	23	24
$\frac{7}{8}$	$\frac{6}{8}$	$\frac{5}{6}$	$\frac{4}{16}$	$\frac{6}{16}$	$\frac{4}{6}$	$\frac{5}{16}$	$\frac{3}{8}$	$\frac{3}{5}$	$\frac{10}{12}$	$\frac{5}{9}$	$\frac{7}{11}$

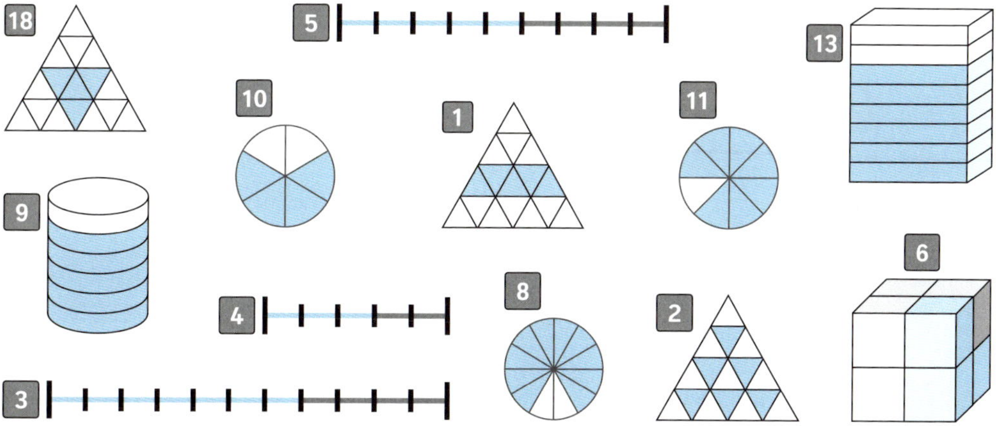

18 5 13 10 1 11 9 6 4 8 2 3

Brüche addieren und subtrahieren

Wenn der Nenner gleich ist, kannst du Brüche addieren und subtrahieren.

Addiere diese Brüche.

1 $\frac{2}{6} + \frac{1}{6} = \ldots$

2 $\frac{1}{4} + \frac{2}{4} = \ldots$

3 $\frac{3}{7} + \frac{2}{7} = \ldots$

4 $\frac{3}{9} + \frac{3}{9} = \ldots$

5 $\frac{4}{11} + \frac{5}{11} = \ldots$

6 $\frac{4}{7} + \frac{2}{7} = \ldots$

7 $\frac{5}{9} + \frac{2}{9} = \ldots$

8 $\frac{3}{6} + \frac{2}{6} = \ldots$

$\frac{3}{4}$ 16
$\frac{6}{9}$ 13
$\frac{9}{11}$ 5
$\frac{5}{7}$ 17
$\frac{7}{9}$ 3
$\frac{3}{6}$ 14
$\frac{6}{7}$ 15
$\frac{5}{6}$ 19

Subtrahiere diese Brüche.

9 $\frac{4}{5} - \frac{2}{5} = \ldots$

10 $\frac{9}{12} - \frac{4}{12} = \ldots$

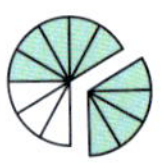

11 $\frac{6}{7} - \frac{2}{7} = \ldots$

12 $\frac{20}{20} - \frac{8}{20} = \ldots$

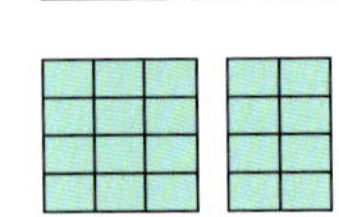

13 $\frac{5}{7} - \frac{3}{7} = \ldots$

14 $\frac{3}{5} - \frac{2}{5} = \ldots$

15 $\frac{18}{20} - \frac{7}{20} = \ldots$

16 $\frac{11}{20} - \frac{4}{20} = \ldots$

$\frac{1}{5}$ 21
$\frac{2}{7}$ 1
$\frac{2}{5}$ 18
$\frac{4}{7}$ 2
$\frac{7}{20}$ 20
$\frac{5}{12}$ 24
$\frac{11}{20}$ 23
$\frac{12}{20}$ 4

Sind Zähler und Nenner gleich, ist es ein Ganzes. $\frac{8}{8}$ =

Wie viel fehlt zum Ganzen?

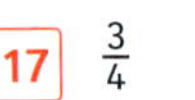

17 $\frac{3}{4}$

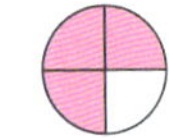

18 $\frac{5}{8}$

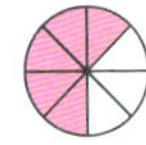

19 $\frac{2}{6}$

20 $\frac{7}{12}$

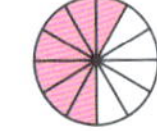

21 $\frac{7}{8}$

22 $\frac{1}{4}$

23 $\frac{1}{6}$

24 $\frac{10}{12}$

$\frac{3}{4}$ 22
$\frac{5}{6}$ 7
$\frac{3}{8}$ 6
$\frac{2}{12}$ 11
$\frac{1}{4}$ 10
$\frac{4}{6}$ 9
$\frac{5}{12}$ 8
$\frac{1}{8}$ 12

Bruchteile berechnen

Berechne den Bruchteil.

1 Ein Drittel von 15

2 Ein Viertel von 60

3 Die Hälfte von 80

4 Ein Fünftel von 20

5 Ein Sechstel von 48

6 Ein Zehntel von 170

7 $\frac{1}{2}$ von 86

8 $\frac{1}{5}$ von 50

9 $\frac{1}{3}$ von 60

10 $\frac{1}{10}$ von 30

11 $\frac{1}{4}$ von 100

12 $\frac{1}{6}$ von 66

43	5
40	21
10	7
20	22
11	12
4	8
5	19
8	16
3	15
25	2
15	11
17	24

So werden Anteile berechnet:
Ein Drittel von 15 ist 5.
15:3 = 5

Berechne mehrere Bruchteile.

13 Drei Viertel von 60

14 Zwei Drittel von 15

15 Zwei Fünftel von 20

16 Drei Achtel von 24

17 Vier Sechstel von 48

18 Drei Zehntel von 170

19 $\frac{5}{8}$ von 56

20 $\frac{3}{5}$ von 50

21 $\frac{2}{3}$ von 60

22 $\frac{6}{10}$ von 60

23 $\frac{2}{4}$ von 100

24 $\frac{3}{6}$ von 66

8	10
9	20
40	4
45	13
10	23
30	1
35	6
32	17
33	3
50	14
51	9
36	18

Mehrere Bruchteile berechnest du so:
$\frac{3}{4}$ von 60 Minuten:
(1) 60 : 4 = 15
$\frac{1}{4}$ von 60 Minuten sind 15 Minuten.
(2) 3 · 15 = 45
3 · 15 Minuten sind 45 Minuten.
(1) und (2) $\frac{3}{4}$ von 60 sind 45.

Die Zahlenreihen folgen einem logischen Muster.
Betrachte die ersten sieben Zahlen einer Aufgabe genau:
Wie unterscheiden sich die Zahlen?
Wie wird die Reihe fortgesetzt?

Wie heißen die nächsten vier Zahlen?

1	1	2	4	7	11	16	22	...
2	7	9	12	14	17	19	22	...
3	5	7	11	17	25	35	47	...
4	10	8	19	16	28	24	37	...
5	4	5	10	11	22	23	46	...
6	2	7	6	11	9	14	11	...
7	80	78	72	70	64	62	56	...
8	11	16	14	19	17	22	20	...
9	1	3	9	11	33	35	105	...
10	3	10	18	27	37	48	60	...
11	25	33	20	28	15	23	10	...
12	1	2	4	8	16	32	64	...

25	23	28	26	17
16	12	17	12	20
32	46	40	55	24
107	321	323	969	22
61	77	95	115	21
29	37	46	56	23
128	256	512	1 024	14
73	87	102	118	15
47	94	95	190	16
24	27	29	32	19
54	48	46	40	13
18	5	13	0	18